Lesetraining

für Jugendliche und junge Erwachsene in der Grundstufe

von
Manuela Georgiakaki

Das Werk und seine Teile sind urheberrechtlich geschützt.
Jede Verwertung in anderen als den gesetzlich zugelassenen
Fällen bedarf deshalb der vorherigen schriftlichen Einwilligung des Verlages.

R	3.	2.	1.		Die letzten Ziffern
2002	2001	2000	1999	1998	bezeichnen Zahl und Jahr des Druckes.

Alle Drucke dieser Auflage können, da unverändert,
nebeneinander benutzt werden.
1. Auflage
© 1996 der Originalausgabe: HUEBER HELLAS, GR–153 43 Athen
© 1998 Lizenzausgabe Max Hueber Verlag, D–85737 Ismaning
Umschlaggestaltung: ARROWHEAD Studios
Zeichnungen: K. Makri
Layout: ARROW-HEAD Studios

Druck und Bindung: Graspo, spol. s r. o. Zlín
Printed in Czech Republic
ISBN 3–19–001619–4

Inhaltsverzeichnis

Einfaches Niveau

Mittleres Niveau

Fortgeschrittenes Niveau

Teil A

Einfaches Niveau

Die Überschrift

Die Überschrift ist der wichtigste Teil eines Textes. Sie fasst den Inhalt zusammen und informiert über das Thema. Wer das Thema eines Textes kennt, kann Vermutungen über den möglichen Inhalt anstellen. Falls die Überschrift jedoch aus unbekannten Wörtern besteht und wir sie nicht verstehen, dann kann vielleicht der erste Textabschnitt helfen. Gewöhnlich wird dort die kurz gehaltene Überschrift noch erläutert und näher erklärt. Daher möchten wir vorschlagen, dass du immer folgende Schritte ausführst:

1. Lies die Überschrift und den Anfang des Textes. Kannst du im ersten Abschnitt synonyme Ausdrücke zu *Jobben* und *nach Schulschluss* finden?

Jobben = _____

nach Schulschluss = _____

Jobben nach Schulschluss

Immer mehr Schüler und Schülerinnen jobben nach der Schule: Sie verdienen sich ein zusätzliches Taschengeld. AKTUELL hat „jobbende" Schüler in Kassel interviewt – wir wollten wissen: „Wo arbeitet ihr?"

2. Welches Thema hat der Text?

_____

_____

3. Was weißt du über das Thema? Vermute: Was kann im Text stehen?

_____

_____

_____

4. Lies nun den ganzen Text!

Jobben nach Schulschluss

Immer mehr Schüler und Schülerinnen jobben nach der Schule: Sie verdienen sich ein zusätzliches Taschengeld. AKTUELL hat „jobbende" Schüler in Kassel interviewt – wir wollten wissen: „Wo arbeitet ihr?"

Gunilla (17 Jahre): „Ich arbeite abends und an den Wochenenden als Babysitter. Das mache ich schon seit drei Jahren. Ich arbeite für drei Familien: Ich passe regelmäßig auf ihre kleinen Kinder auf. Die Arbeit gefällt mir gut. Ich bekomme 10 Mark die Stunde – das ist normal. Ich brauche die Kinder meistens nur ins Bett zu bringen. Danach sitze ich im Wohnzimmer. Manchmal sehe ich fern oder lese, aber meistens mache ich in der Zeit meine Hausaufgaben. Von dem Geld, das ich verdiene, kaufe ich mir schicke Klamotten. Und wenn ich am Wochenende nicht babysitte, dann gehe ich mit meinen Freundinnen in die Disco!"

5. Welche deiner Vermutungen waren richtig?

_____

_____

_____

6. Lies den Text noch einmal! Was ist richtig (r) und was ist falsch (f)? Kreuze an!

	r	f
1. Viele junge Leute arbeiten in ihrer Freizeit, denn sie wollen Geld verdienen.	❏	❏
2. Gunilla arbeitet nur am Wochenende als Babysitter.	❏	❏
3. Gunilla findet ihre Arbeit toll.	❏	❏
4. Gunilla bekommt 10 Mark für einen Abend.	❏	❏
5. Wenn Gunilla babysittet, hat sie viel freie Zeit.	❏	❏
6. Das Geld braucht Gunilla für schicke Kleidung und für die Disco.	❏	❏

Zusammengesetzte Nomen

In Texten gibt es viele zusammengesetzte Nomen, die aus zwei oder mehr Wörtern bestehen. Zuerst trenne die Wörter, dann übersetze jedes Wort und zum Schluss setze die Bedeutungen der Wörter wieder zusammen! Aber pass auf! Zusammengesetzte Nomen übersetzt man von hinten nach vorn: zuerst das letzte Wort, dann das erste.

Das letzte Wort bestimmt die allgemeine Bedeutung und den Artikel des zusammengesetzten Nomens. Das erste Wort bestimmt nur die Sorte, die Art oder die Form des Gegenstands:

<u>der</u> Tennis<u>ball</u> = das Tennis + <u>der Ball</u> ⇨ der Ball, mit dem ich Tennis spiele

<u>die</u> Bier<u>dose</u> = das Bier + <u>die Dose</u> ⇨ die Dose mit Bier

Das erste Wort ist nicht immer ein Nomen. Es kann auch ein Adjektiv, ein Verb oder eine Präposition sein:

Nomen + Nomen	Deutsch + Kurs = der Deutschkurs
Adjektiv + Nomen	intensiv + Kurs = der Intensivkurs
Verb + Nomen	tanzen + Kurs = der Tanzkurs
Präposition + Nomen	vor + Kurs = der Vorkurs

Es gibt auch zusammengesetzte Nomen aus drei, vier oder mehr Wörtern. Hier gilt dieselbe Regel: Wir übersetzen von hinten nach vorn:

<u>die</u> Orangensaft<u>dose</u> = die Orange + der Saft + <u>die Dose</u> ⇨ die Dose mit Saft aus Orangen

Wenn zwei zusammengesetzte Nomen das letzte Wort gemeinsam haben und im Text nebeneinander stehen, dann schreiben wir sie so:

die Bier- und die Orangensaftdose = die Bierdose und die Orangensaftdose

1. Aus welchen Wörtern bestehen die zusammengesetzten Nomen? Übersetze sie dann!

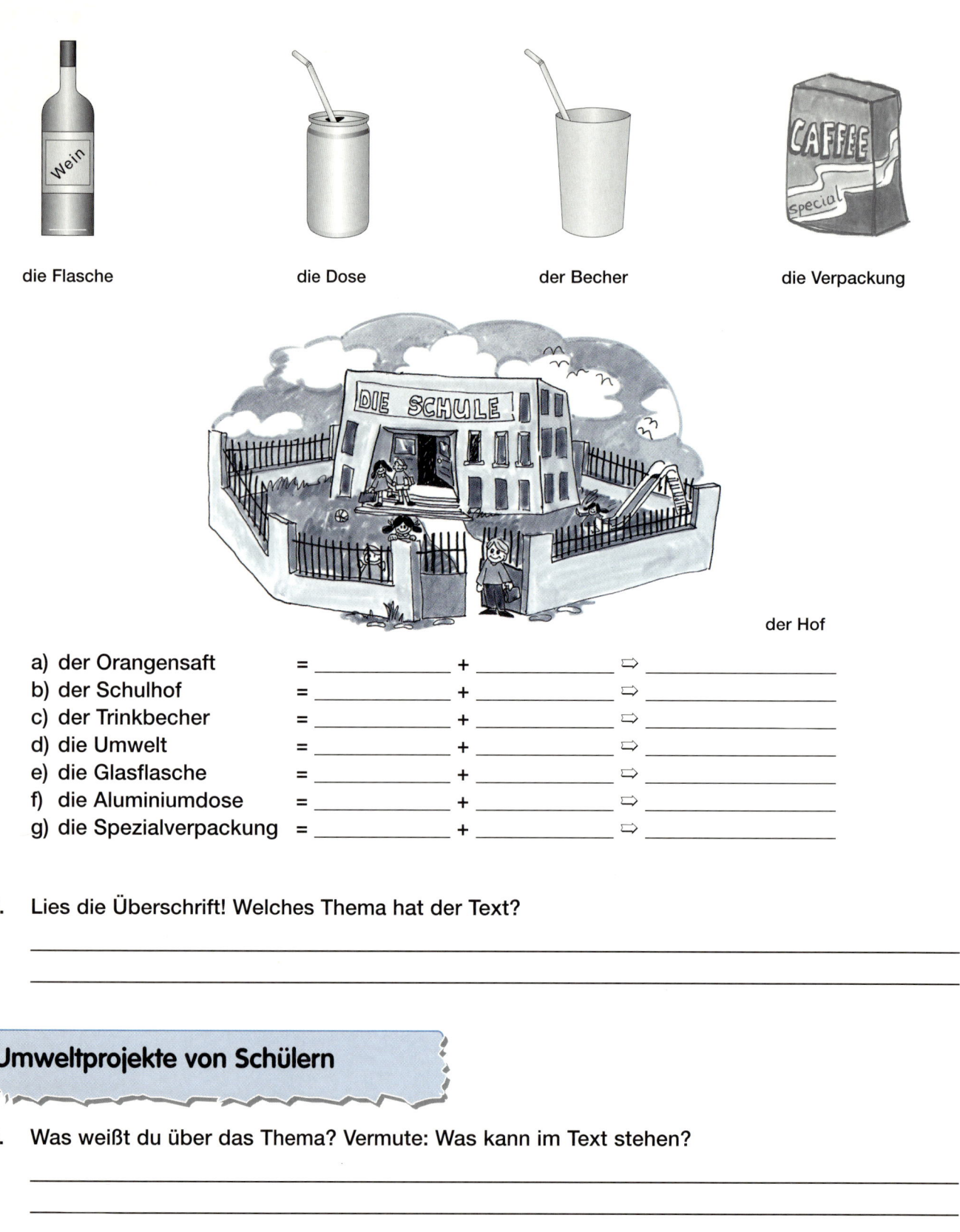

die Flasche   die Dose   der Becher   die Verpackung

der Hof

a) der Orangensaft   = _____ + _____ ⇨ _____
b) der Schulhof   = _____ + _____ ⇨ _____
c) der Trinkbecher   = _____ + _____ ⇨ _____
d) die Umwelt   = _____ + _____ ⇨ _____
e) die Glasflasche   = _____ + _____ ⇨ _____
f) die Aluminiumdose = _____ + _____ ⇨ _____
g) die Spezialverpackung = _____ + _____ ⇨ _____

2. Lies die Überschrift! Welches Thema hat der Text?

_____

_____

Umweltprojekte von Schülern

3. Was weißt du über das Thema? Vermute: Was kann im Text stehen?

_____

_____

_____

4. Lies nun den ganzen Text!

Umweltprojekte von Schülern

Das Schiller-Gymnasium in Offenbach: „Früher sind wir in der Pause immer zum Kiosk gegangen", sagt Klaus vom Schiller-Gymnasium in Offenbach. „Aber dort gab es nur ungesunde Sachen zu kaufen: Süßigkeiten, Cola usw. Im Schulhof und in den Klassen hatten wir dann viel Müll: Aluminiumdosen, Aluminiumverpackungen, Papier und Plastikbecher. Wir haben in unserem Umweltkurs über das Problem gesprochen und haben unseren eigenen Kiosk aufgemacht. Unser Kiosk ist von 7.30 Uhr bis 11.30 Uhr geöffnet. Wir verkaufen Milch, Jogurt, Orangensaft ohne Zucker, Obst und Brötchen. Wir nehmen nur Glas- und keine Plastikflaschen.

5. Welche deiner Vermutungen waren richtig?

_____

_____

_____

6. Lies den Text noch einmal! Was ist richtig (r) und was ist falsch (f)? Kreuze an!

	r	f
1. Die Sachen vom Kiosk waren ungesund und verursachten viel Müll.	❏	❏
2. In der Schule hatten sie immer viel Aluminium-, Papier- und Plastikmüll.	❏	❏
3. Der Schülerkiosk ist vier Stunden geöffnet.	❏	❏
4. Am Schülerkiosk verkaufen die Schüler keine gesunden Sachen.	❏	❏
5. Die Schüler nehmen nur Plastikflaschen und Glas.	❏	❏

Die Negation

1. Im Deutschen gibt es viele Wörter, die für die Negation verwendet werden. Schau dir folgende Liste an. Die meisten Wörter kennst du sicher schon. Die unbekannten Wörter kannst du im Wörterbuch finden. Übersetze alle Wörter in deine Muttersprache!

nicht / kein	= _____
nichts	= _____
niemand / keiner	= _____
nie / niemals	= _____
kaum	= _____
weder ... noch	= _____
Adjektive mit *un-*	= z.B.: uninteressant = nicht interessant

2. Schreib Sätze mit *weder ... noch*!

Beispiel: Marianne hat keinen Bruder und auch keine Schwester.
Marianne hat weder Bruder noch Schwester. _____

a) Sie mag kein Bier und keine Cola.

_____

b) Ich finde Martin nicht höflich und auch nicht sympathisch.

_____

c) Ich glaube, dass er nicht studiert und auch nicht arbeitet.

_____

d) Anna fährt nicht mit dem Bus und auch nicht mit dem Rad zur Schule.

_____

e) Der Film war nicht sehr interessant, aber auch nicht sehr langweilig.

_____

3. Welche Adjektive haben eine positive und welche eine negative Bedeutung? Ordne sie und schreib dann auch das Gegenteil auf!

modern unwichtig interessant ordentlich unhöflich sicher unsympathisch unpünktlich

+		−	
modern	≠ _____	_____	≠ _____
_____	≠ _____	_____	≠ _____
_____	≠ _____	_____	≠ _____
_____	≠ _____	_____	≠ _____

4. Lies die Überschrift und den Anfang des Textes! Welches Thema hat der Text?

_____

_____

Was ist typisch deutsch?

Touristen, die Deutschland besuchen, haben ein ganz bestimmtes Bild vom Land und von den Leuten. Die Zeitschrift AKTUELL fragte jugendliche Deutschland-Besucher in München: „Was ist typisch deutsch?"

5. Was weißt du über das Thema? Vermute: Was kann im Text stehen?

_____

_____

_____

_____

6. Was ist deine persönliche Meinung über Deutschland und die Deutschen?

7. Lies nun den ganzen Text!

Was ist typisch deutsch?

Touristen, die Deutschland besuchen, haben ein ganz bestimmtes Bild vom Land und von den Leuten. Die Zeitschrift AKTUELL fragte jugendliche Deutschland-Besucher in München: „Was ist typisch deutsch?"

Lucia Sanmarin (19) kommt aus Sao Paolo (Brasilien): „Ich studiere ein Semester an der Kunsthochschule in München. Was ist typisch deutsch? Also, die Deutschen sind sehr direkt und ehrlich – sie sagen immer ihre Meinung. Ich glaube, kaum ein Ausländer findet das höflich. In Deutschland diskutiert man auch gern über alles. Diskutieren finde ich gut, aber viele Deutsche können weder zuhören noch die Meinung eines anderen akzeptieren. Sie wollen sich immer durchsetzen! Was ich gut in Deutschland finde: Hier fühle ich mich sehr sicher. Man kann nachts auf die Straße gehen, und es passiert einem nichts. Also, ich bin gerne in Deutschland!"

Andrea Bussolino (18) ist Student in Mailand (Italien): „Ich mache gerade einen Deutschkurs in München. Ich lebe bei einer deutschen Familie. Ich muss sagen: Die Deutschen sind sehr ordentlich und sauber. Aber manchmal sind sie zu ordentlich! Sie räumen andauernd auf und machen ihre Wohnung die ganze Zeit sauber. Bei uns in Italien ist Ordnung nicht so wichtig – aber bei uns ist es etwas gemütlicher, finde ich. Mir gefällt, dass hier alles besser organisiert ist als in Italien. Die Busse und Züge sind pünktlich und haben nie Verspätung. Das finde ich super!"

8. Welche deiner Vermutungen waren richtig?

_____

_____

9. Unterstreiche im Text alle negativ formulierten Aussagen!

10. Lies den Text noch einmal! Was passt? Kreuze an!

1. _____ Tourist hat ein ganz bestimmtes Bild von Deutschland und den Deutschen.

   ❏ a) Kaum ein   ❏ b) Jeder

2. Ein _____ macht Interviews mit Touristen in München.

   ❏ a) Deutschland-Besucher   ❏ b) Reporter

3. _____ Ausländer finden es unhöflich, dass die Deutschen immer ihre Meinung sagen.

   ❏ a) Viele   ❏ b) Nur wenige

4. Die meisten Deutschen können _____ zuhören und die Meinung eines anderen akzeptieren.

   ❏ a) gut   ❏ b) nicht

5. _____ kann in Deutschland nachts auf die Straße gehen.

   ❏ a) Niemand   ❏ b) Jeder

6. Andrea findet es _____, dass die Deutschen so ordentlich sind.

   ❏ a) gut   ❏ b) nicht so gut

7. _____ Italiener räumt andauernd auf und macht seine Wohnung die ganze Zeit sauber.

   ❏ a) Kaum ein   ❏ b) Fast jeder

8. Die Busse und Züge kommen _____ zu spät.

   ❏ a) manchmal   ❏ b) nicht

14

Verbindungswörter

Eine große Rolle beim Leseverstehen spielen Verbindungswörter. Sie verbinden Wörter und Sätze miteinander und sie zeigen, welchen logischen Zusammenhang es zwischen ihnen gibt.

Hier sind einige Beispiele:

A   und (additiv)
Ich spreche Deutsch und Griechisch.

B   aber (adversativ)
Ich spreche Griechisch, aber kein Deutsch.

C   weil (kausal)
Ich lerne Deutsch, weil ich in Deutschland studieren möchte.

D   deshalb (konsekutiv)
Ich kann kein Deutsch. Deshalb kann ich nicht mit deutschen Touristen sprechen.

E   damit (final)
Ich lerne Deutsch, damit ich mit meinen deutschen Freunden sprechen kann.

Wir haben schon gesagt, dass Verbindungswörter den logischen Zusammenhang zwischen zwei Sätzen zeigen. Wenn wir den Anfang und das Verbindungswort kennen, können wir das Ende des Satzes erraten. Versuche es selbst in den Übungen:

1.   Schreib die Sätze zu Ende!

a) In seiner Freizeit spielt Martin gern Gitarre und _____

_____

b) Doktor Sauer hat meinem Opa das Rauchen verboten, aber _____

_____

c) Andreas möchte gern nach Deutschland fahren, weil _____

_____

d) Meine Eltern mögen keine Hunde. Deshalb _____

_____

e) Er isst viel Jogurt und treibt jeden Tag Sport, damit _____

_____

2. Ergänze die passenden Sätze!

> ... Elton John ihr Lieblingssänger ist.
>
> ... sie hat dort ihre Freundin Marina getroffen.
>
> ... die Musik hat ihr nicht gefallen.
>
> ... hat sie keine Zeit für ihre Hausaufgaben gehabt.

a) Eva ist zum Konzert von Elton John gegangen und _____
_____

b) Eva ist zum Konzert von Elton John gegangen, aber _____
_____

c) Eva ist zum Konzert von Elton John gegangen, weil _____
_____

d) Eva ist zum Konzert von Elton John gegangen. Deshalb _____
_____

Genauso können wir den Anfang erraten, wenn wir das Verbindungswort und das Ende des Satzes kennen.

3. Schreib den Anfang!

a) _____ und sie arbeitet in einer Boutique.

b) _____ , aber kein Bier.

c) _____ , weil sie nicht zu Fuß gehen will.

d) _____ . Deshalb machen sie diesen Sommer keinen Urlaub.

e) _____ , damit sein Vater nicht böse wird.

Diese Methode ist sehr nützlich beim Leseverstehen. Wir können den Inhalt eines Satzes auch dann erraten, wenn wir viele Wörter nicht verstehen. Einige bekannte Wörter und der Kontext helfen, so dass unsere Vermutungen ganz oder doch größtenteils mit dem wirklichen Inhalt des Satzes übereinstimmen.
Wir wollen uns jetzt mit den verschiedenen Gruppen von Verbindungswörtern beschäftigen. Beginnen wir mit den additiven Verbindungen.

Additive Verbindungswörter

Wörter wie „und", „auch" verbinden Satzteile. Sie zeigen, dass für die beiden verbundenen Elemente dieselbe Aussage gilt, z.B.:

Meine besten Freunde sind Mario und Jens.

Das Verbindungswort „und" zeigt hier, dass die Aussage „meine besten Freunde" sowohl für Mario als auch für Jens gilt.

1. Im Deutschen gibt es mehrere Verbindungswörter. Die meisten kennst du schon. Die anderen kannst du im Wörterbuch finden. Übersetze die Wörter!

und	=	_____
sowohl ... als auch	=	_____
nicht nur ..., sondern auch	=	_____
auch / ebenfalls	=	_____
außerdem	=	_____
ebenso / genauso / gleichfalls	=	_____

2. Lies die Überschrift! Welches Thema hat der Text?

_____

_____

Sportschuhe sind „in"

3. Was weißt du über das Thema? Vermute: Was kann im Text stehen?

_____

_____

_____

4. Lies nun den ganzen Text!

Sportschuhe sind „in"

Junge Leute tragen sie nicht nur beim Sport, sondern auch in der Schule und in der Freizeit: Sportschuhe. Es gibt sie in allen Farben und Formen. Wer auch noch die richtige Marke trägt, der ist „in".

Doch was ist mit der Gesundheit? Schaden Sportschuhe den Füßen? Sowohl Orthopäden als auch Mikrobiologen meinen, dass Sportschuhe nicht ungesund sind. Sie müssen aber genau passen und dem Fuß Halt geben. Außerdem dürfen die Schuhe nicht aus Plastik sein. Die führen vielleicht nicht zu Problemen mit dem Fußskelett, dafür aber mit der Fußhygiene. Im Plastikschuh gibt es nämlich schnell ein ungesundes warmes Klima. Ebenso schnell gibt es Pilzkrankheiten. Wenn Jugendliche dann abends ihre Sportschuhe ausziehen, riechen die Schuhe oft furchtbar. Dann hilft nur noch ein offenes Fenster. Deshalb darf man nur Sportschuhe aus Leder den ganzen Tag tragen.

5. Welche deiner Vermutungen waren richtig?

_____

_____

_____

6. Unterstreiche im Text alle additiven Verbindungswörter!

7. Lies den Text noch einmal! Was passt? Kreuze an! Manchmal sind zwei Lösungen richtig.

1. Junge Leute tragen Sportschuhe
   - ❏ beim Sport.
   - ❏ in der Schule und in der Freizeit.

2. Sportschuhe gibt es
   - ❏ in allen Farben.
   - ❏ in allen Formen.

3. Schaden Sportschuhe
   - ❏ den Füßen?
   - ❏ den Orthopäden?

4. Nein, Sportschuhe sind nicht ungesund, meinen
   - ❏ Orthopäden.
   - ❏ Mikrobiologen.

5. Aber sie müssen
   - ❏ genau passen.
   - ❏ dem Fuß Halt geben.

6. Und sie dürfen nicht
   - ❏ aus Leder sein.
   - ❏ aus Plastik sein.

7. Denn in Plastikschuhen kommt es zu Problemen mit
   - ❏ dem Fußskelett.
   - ❏ der Fußhygiene.

8. Im Plastikschuh gibt es schnell
   - ❏ ein ungesundes warmes Klima.
   - ❏ Pilzkrankheiten.

9. Den ganzen Tag darf man nur Schuhe
   - ❏ aus Leder tragen.
   - ❏ aus Plastik tragen.

Adversative und konzessive Verbindungswörter

1. Einen Gegensatz drücken folgende Wörter aus. Einige kennst du schon. Die anderen kannst du im Wörterbuch finden. Übersetze sie!

aber / doch / allerdings	=	_____
nicht ..., sondern ...	=	_____
zwar ..., aber ...	=	_____
trotzdem / dennoch	=	_____
obwohl	=	_____

2. Ergänze *zwar ..., aber ...* oder *nicht ..., sondern ...*!

⚠️ Pass auf: *zwar ..., aber...* verbindet einen positiven (+) mit einem negativen (-) Satz.
nicht ..., sondern ... verbindet einen negativen (-) mit einem positiven (+) Satz.

z.B.: + / − *Ich möchte zwar gern heute Abend ins Kino gehen, aber ich habe keine Zeit.*
- / + *Der Brief ist nicht von meiner Freundin, sondern von meiner Tante.*

a) In den Ferien fährt er _____ ans Meer, _____ er bleibt zu Hause und lernt.

b) Marlies hat _____ Zahnschmerzen, _____ sie will nicht zum Zahnarzt gehen.

c) Jan ist _____ in Anna verliebt, _____ er will es ihr nicht sagen.

d) Mein Lieblingsfach ist _____ Mathematik, _____ Sport.

e) Brigitte möchte sich _____ gern das schwarze Minikleid kaufen, _____ sie hat kein Geld dafür.

Weißt du noch, was wir in der letzten Lektion gelernt haben? Wenn wir einen Teil des Satzes und das Verbindungswort kennen, dann können wir den anderen Teil des Satzes erraten. Probiere es in der Übung!

3. Schreibe die Sätze zu Ende!

a) Meine kleine Schwester mag keine Horrorfilme. Trotzdem _____

_____

b) Fetti macht schon seit zwei Monaten Diät, aber _____

_____

c) Ich habe nicht am 13. Oktober Geburtstag, sondern _____

_____

d) Stefan will Rock-Sänger werden, obwohl _____

_____

4. Lies die Überschrift und die Sätze des Textes, die das Wort *Zwillinge* erklären. Übersetze das Wort:

Zwillinge = _____

Zwillinge sind nie allein

Stefan und Chris sind Brüder. Und sie sind am selben Tag geboren, also Zwillinge.

5. Welches Thema hat der Text?

_____

_____

6. Was weißt du über das Thema? Vermute: Was kann im Text stehen?

_____

_____

_____

7. Lies nun den ganzen Text!

Zwillinge sind nie allein

Als Babys haben Stefan und Chris immer zur selben Zeit die gleichen Krankheiten gehabt. Später machte es ihnen Spaß, das Gleiche anzuziehen und die gleiche Frisur zu haben. Doch jetzt gibt es Probleme, weil beiden dasselbe Mädchen gefällt.

Stefan und Chris sind Brüder. Und sie sind am selben Tag geboren, also Zwillinge. Sie sind gern zusammen. Trotzdem geht es ihnen oft auf die Nerven, Zwillinge zu sein. Es ist furchtbar, wenn man immer als die gleiche Person gilt oder wenn man immer wieder mit dem Bruder verwechselt wird.

Stefan findet es praktisch, dass er Chris' Kleidung tragen kann. Gut ist auch, dass er mit Chris immer über alles sprechen kann und dass Chris auch sofort alles versteht. Oft brauchen sie schon nichts mehr zu sagen, denn Chris weiß immer, was Stefan denkt. Dennoch ist der Bruder nicht der beste Freund. Man muss ja nicht alles erzählen. Mit manchen Problemen geht man lieber zu Freunden.

Sie haben zwar dieselben Hobbys und hören dieselbe Musik, aber in der Schule interessieren sich Stefan und Chris für verschiedene Fächer. Stefan mag alles, was mit Paragraphen zu tun hat und möchte später Jura studieren. Doch Chris beschäftigt sich lieber mit Physik und Chemie. Er möchte gern Lebensmittelchemiker werden.

8. Welche deiner Vermutungen waren richtig?

_____

_____

9. Unterstreiche im Text alle adversativen und konzessiven Verbindungswörter!

10. Was passt? Kreuze an!

1. Stefan und Chris machte es Spaß, _____ das Gleiche anzuziehen _____ die gleiche Frisur zu haben.

   ❏ a) sowohl ... als auch   ❏ b) nicht ... sondern

2. Stefan findet es gut, dass er Chris' Kleidung tragen kann _____ dass er mit Chris über alles sprechen kann.

   ❏ a) aber   ❏ b) und

3. Stefan und Chris können über alles sprechen. _____ ist der Bruder nicht der beste Freund.

   ❏ a) Außerdem   ❏ b) Allerdings

4. Die Brüder interessieren sich _____ für dieselbe Musik, _____ nicht für dieselben Fächer.

   ❏ a) zwar ... aber   ❏ b) nicht nur ... sondern auch

5. Chris findet _____ Paragraphen, _____ Physik und Chemie interessant.

   ❏ a) nicht ... sondern   ❏ b) sowohl ... als auch

11. Einer von den zwei Sätzen stimmt mit dem Text überein. Kreuze an!

1. Zeile 1 – 6

   ❏ a) Stefan und Chris gefallen die gleichen Dinge.
   ❏ b) Stefan und Chris haben Probleme, weil ihnen nicht das Gleiche gefällt.

2. Zeile 7 – 13

   ❏ a) Sie finden es nicht so toll, Zwillinge zu sein.
   ❏ b) Sie finden es furchtbar, immer mit dem Bruder zusammen zu sein.

3. Zeile 14 – 23

   ❏ a) Stefan spricht mit Chris über alle seine Probleme, denn Chris versteht sofort alles.
   ❏ b) Über manche Probleme spricht Stefan lieber nicht mit Chris, sondern mit Freunden.

4. Zeile 24 – 31

   ❏ a) Die Brüder interessieren sich für dieselbe Musik und dieselben Fächer.
   ❏ b) Stefan und Chris möchten später verschiedene Berufe haben.

Kausale und konsekutive Verbindungswörter

1. Übersetze die Verbindungswörter!

Du kennst sicher schon folgende kausale Verbindungswörter. Sie stehen in Sätzen, die einen Grund ausdrücken:

denn / weil / da = _____	
nämlich / ja / doch = _____	

Konsekutive Verbindungswörter leiten Sätze ein, die eine Konsequenz oder ein Ergebnis ausdrücken:

deshalb / darum / deswegen / aus diesem Grund = _____

Hier sind ein paar Beispiele:

Ich trinke kein Bier, <u>denn</u> ich mag keinen Alkohol.
Ich trinke kein Bier. Ich mag <u>nämlich</u> keinen Alkohol.
Ich mag keinen Alkohol, <u>deshalb</u> trinke ich kein Bier.

2. Drücken die Sätze in den Kästchen einen Grund oder eine Konsequenz / ein Ergebnis aus? Schreib die Sätze neu und benutze das geeignete Verbindungswort!

a) Mein Vater raucht 40 Zigaretten am Tag ...

Er ist nicht gesund.	*Konsequenz*	*..., deshalb ist er nicht gesund.*
Er ist sehr nervös.	*Grund*	*..., denn er ist sehr nervös.*

b) Sie hat großen Hunger ...

Sie hat den ganzen Tag noch nichts gegessen.		
Sie kauft sich einen Hamburger.		

c) Die Luft in der Stadt ist sehr verschmutzt ...

Es gibt zu viele Autos.		
Wir fahren immer mit der U-Bahn.		

24

d) In vielen afrikanischen Ländern gibt es nicht genug Wasser ...

Es regnet nicht.		
Die Menschen dort haben großen Durst.		

e) Paris hat Helena, die Frau von König Menelaos, geraubt ...

Der Trojanische Krieg hat begonnen.		
Sie war sehr schön.		

3. Lies die Überschrift und den Anfang des Textes! Welches Thema hat der Text?

_____

Stars gegen Alkohol

Jedes Jahr haben über 100 000 junge Leute zwischen 18 und 25 Jahren einen Unfall mit dem Auto oder mit dem Motorrad. Die meisten Unfälle passieren am Wochen- ende, Freitag- und Samstagabend, weil die Jugendlichen dann Alkohol getrunken haben und fröhlich von der Disco oder der Party kommen.

4. Was weißt du über das Thema? Vermute: Was kann im Text stehen?

_____
_____
_____
_____

5. Lies nun den ganzen Text!

Stars gegen Alkohol

Jedes Jahr haben über 100 000 junge Leute zwischen 18 und 25 Jahren einen Unfall mit dem Auto oder mit dem Motorrad. Die meisten Unfälle passieren am Wochenende, Freitag- und Samstagabend,
5 weil die Jugendlichen dann Alkohol getrunken haben und fröhlich von der Disco oder der Party kommen.

Deshalb bieten „die Prinzen", eine deutsche Rockgruppe, einfache Lösungen für das
10 Problem Alkohol am Steuer an: „Wenn ihr Alkohol getrunken habt, dann gebt einem die Autoschlüssel, der noch nichts getrunken hat." Noch besser ist, nicht zu trinken. Für eine gute Party braucht man nämlich keinen
15 Alkohol.

Trinken und Autofahren, das ist gefährlich für den Fahrer, den Beifahrer und alle, die sich zur gleichen Zeit auf der Straße befinden. Aus diesem Grund kämpfen internationale Stars in den USA seit 1986 gegen Alkohol beim Autofahren. 20

Seit 1992 gibt es auch eine deutsche Organisation, die STAR.G.A.S, also Stars gegen Alkohol am Steuer. Rock- und Popstars erklären in Radio, Fernsehen 25 und Zeitung, dass man nicht betrunken Auto fahren soll. Die Scorpions, Udo Lindenberg, die Prinzen, Annie Lennox, Bryan Adams und viele andere machen bei dieser Aktion mit. 30

6. Welche deiner Vermutungen waren richtig?

_____

_____

7. Was passt zusammen? Verbinde die Sätze!

a) Viele Unfälle passieren am
Wochenende. Deswegen ...

❑ trinken Jugendliche Alkohol in der Disco
oder auf der Party.

❑ bieten „die Prinzen" Lösungen für das
Problem Alkohol am Steuer an.

b) Trinken und Autofahren, das ist
gefährlich, darum ...

❑ kämpfen internationale Stars gegen
Alkohol beim Autofahren.

❑ sind viele Leute zur gleichen Zeit
auf der Straße.

c) Am besten trinkt man nicht, denn ...

❑ für eine gute Party braucht man keinen
Alkohol.

❑ „die Prinzen" bieten einfache Lösungen für
das Problem Alkohol am Steuer an.

8. Einer von den drei Sätzen stimmt mit dem Text überein. Kreuze an!

1. Zeile 1 – 8

❑ a) Am Freitag- und Samstagabend haben 100 000 junge Leute einen Unfall.
❑ b) Über 100 000 junge Leute zwischen 18 und 25 Jahren haben ein Auto oder ein
Motorrad.
❑ c) Viele Unfälle auf der Straße passieren, weil junge Leute in der Disco oder auf der Party
Alkohol trinken.

2. Zeile 9 – 16

❑ a) Auto soll nur jemand fahren, der noch nichts getrunken hat.
❑ b) „Die Prinzen" haben nur eine Lösung für das Problem Alkohol am Steuer.
❑ c) „Die Prinzen" trinken keinen Alkohol, wenn sie auf eine Party gehen.

3. Zeile 17 – 22

❑ a) Trinken und Autofahren ist nur für den Fahrer gefährlich.
❑ b) Seit 1986 ist in den USA Alkohol beim Autofahren verboten.
❑ c) Internationale Stars sind gegen Alkohol beim Autofahren.

4. Zeile 23 – 31

❑ a) In Deutschland gibt es die erste Organisation gegen Alkohol am Steuer.
❑ b) Rock- und Popstars arbeiten in einer Organisation gegen Alkohol am Steuer mit.
❑ c) In Radio, Fernsehen und Zeitung kann man Neues über Rock- und Popstars hören und
lesen.

Finale und konsekutive Verbindungswörter

1. Übersetze die Verbindungswörter!

Finalsätze drücken aus, zu welchem Zweck, mit welchem Ziel etwas passiert. Wir können sie an folgenden Wörtern erkennen:

um ... zu + Infinitiv	= _____
damit	= _____

Das Ergebnis oder die Konsequenz einer Handlung können mit folgenden Wörtern eingeleitet werden, die wir schon aus der letzten Lektion kennen:

deshalb / darum / deswegen / aus diesem Grund	= _____
dadurch / so	= _____

Hier sind ein paar Beispiele:

Der Marathonläufer trainiert sehr hart, <u>um</u> bei der Olympiade <u>zu</u> gewinnen.

Der Marathonläufer hat sehr hart trainiert. <u>Dadurch</u> hat er bei der Olympiade gewonnen.

2. Lies die Überschrift und den Anfang des Textes! Welches Thema hat der Text?

_____

_____

Einmal pro Woche zu Hause am Computer

Etwa 1 000 Jugendliche aus der holländischen Stadt Tilburg werden im nächsten Schuljahr einen Unterrichtstag pro Woche zu Hause bleiben, um am Computer zu lernen. Denn der Lehrer schickt den 15- bis 16jährigen Schülern ihre Aufgaben dann auf den Computerbildschirm.

3. Vermute: Was kann im Text stehen?

_____

_____

_____

_____

4. Lies nun den ganzen Text!

Einmal pro Woche zu Hause am Computer

Etwa 1 000 Jugendliche aus der holländischen Stadt Tilburg werden im nächsten Schuljahr einen Unterrichtstag pro Woche zu Hause bleiben, um am Computer zu lernen. Denn der Lehrer schickt den 15- bis 16jährigen Schülern ihre Aufgaben dann auf den Computerbildschirm.

Dadurch müssen sich die Schüler nicht mehr dem Lerntempo der Klasse anpassen. Gute Schüler können schneller, schwache Schüler langsamer lernen. Der Lehrer kann mit jedem Schüler individuell arbeiten.

Die Pädagogen wissen nämlich längst, dass die klassische Unterrichtsform für höhere Klassen oft nicht ideal ist. Wenn Kinder Lesen, Schreiben und Rechnen gelernt haben, können sie neuen Stoff auch allein lernen.

Die Computer werden nicht von der Schule gekauft, sondern sie müssen von den Eltern bezahlt werden. Aber auch das holländische Verkehrsministerium finanziert einen Teil des Projekts, damit die Schüler zu Hause bleiben, keine Busse und Bahnen benutzen und so den Verkehr entlasten.

5. Welche deiner Vermutungen waren richtig?

_____

_____

6. Ergänze passende Sätze aus dem Text!

1. _____

Deshalb können die Jugendlichen einen Unterrichtstag pro Woche zu Hause bleiben und am Computer lernen.

2. _____

Darum müssen die Computer von den Eltern bezahlt werden.

3. _____

Aus diesem Grund finanziert das holländische Verkehrsministerium einen Teil des Projekts.

7. Ergänze *weil* oder *damit*!

1. Jugendliche aus Tilburg werden einen Unterrichtstag pro Woche zu Hause bleiben, _____ sie am Computer lernen können.

2. Jugendliche aus Tilburg können einen Unterrichtstag pro Woche zu Hause am Computer lernen, _____ der Lehrer ihnen ihre Aufgaben auf den Computerbildschirm schickt.

3. Die Schüler müssen sich nicht mehr dem Lerntempo der Klasse anpassen, _____ der Lehrer ihnen die Aufgaben auf den Computerbildschirm zu Hause schickt.

4. Der Lehrer arbeitet mit jedem Schüler individuell, _____ die Pädagogen wissen, dass die klassische Unterrichtsform für höhere Klassen oft nicht ideal ist.

5. Das Verkehrsministerium finanziert einen Teil des Projekts, _____ die Schüler zu Hause bleiben.

6. Die Schüler sollen zu Hause bleiben, _____ sie keine Busse und Bahnen benutzen und den Verkehr entlasten.

8. Einer der zwei Sätze stimmt mit dem Text überein. Kreuze an!

1. Zeile 1 – 7

❏ a) Etwa 1 000 holländische Schüler lernen im nächsten Schuljahr in der Schule, am Computer zu arbeiten.

❏ b) Etwa 1 000 holländische Schüler bleiben im nächsten Schuljahr einen Tag pro Woche zu Hause und lernen am Computer.

2. Zeile 8 – 13

❏ a) Das ist eine gute Lösung, denn so müssen sich die Schüler nicht mehr dem Lerntempo der Klasse anpassen.

❏ b) Das ist ein Problem, denn gute Schüler wollen schneller und schwache Schüler wollen langsamer lernen.

3. Zeile 14 – 19

❏ a) Kinder sollen allein Lesen, Schreiben und Rechnen lernen.

❏ b) Kinder in höheren Klassen können neuen Stoff auch allein lernen.

4. Zeile 20 – 26

❏ a) Die Schule und das holländische Verkehrsministerium kaufen die Computer.

❏ b) Das holländische Verkehrsministerium bezahlt auch einen Teil des Projekts.

Synonyme

In allen Texten gibt es unbekannte Wörter. Oft kannst du jedoch ihre Bedeutung aus dem Kontext erschließen. Wenn es sich um Schlüsselwörter des Textes handelt, d.h. um zentrale Begriffe, dann ist es noch einfacher, diese zu verstehen, weil solche Wörter häufig im Text selbst erklärt werden. Außerdem werden Schlüsselwörter im Text oft wiederholt und durch synonyme Wörter oder Ausdrücke sowie Beispiele ersetzt.

1. Lies die Überschrift und den Anfang des Textes! Welches Thema hat der Text?

_____

Daumen raus

An der Autobahn-Raststätte stehen nur noch zwei junge Männer mit Rucksack. Die meisten <u>Tramper</u> haben bis zum frühen Nachmittag bereits eine Mitfahrgelegenheit Richtung Süden gefunden. Jens (17) und Bernhard (16) kommen aus Kiel. Bis Hamburg haben sie nur ein Auto gebraucht. In drei Tagen wollen sie per <u>Autostopp</u> nach Griechenland fahren.

2. Im Text gibt es ein Synonym zu *Daumen raus*. Kannst du es finden?

Daumen raus = _____

3. Was weißt du über das Thema? Vermute: Was kann im Text stehen?

_____

_____

4. Lies nun den ganzen Text!

Daumen raus

An der Autobahn-Raststätte stehen nur noch zwei junge Männer mit Rucksack. Die meisten Tramper haben bis zum frühen Nachmittag bereits eine Mitfahrgelegenheit
5 Richtung Süden gefunden. Jens (17) und Bernhard (16) kommen aus Kiel. Bis Hamburg haben sie nur ein Auto gebraucht. In drei Tagen wollen sie per Autostopp nach Griechenland fahren.

10 Glaubt man der Polizei, dann sind junge Leute wie Jens und Bernhard in Lebensgefahr. „Jedes Jahr", so warnen Polizeiplakate, „müssen viele Anhalter ihre kostenlose Reise mit dem Leben bezahlen."
15 Trotzdem ist Trampen bei deutschen Jugendlichen sehr beliebt.

Jens zum Beispiel fährt schon seit fünf Jahren per Autostopp: „Samstagabend trampe ich in die Disco, besuche Freunde und so. Meistens komme ich gut weg.",
20 erzählt er. „Neulich hat mich sogar unser Pastor mitgenommen." Probleme beim Trampen hatten Jens und Bernhard noch nie.

Aber ein gewisses Risiko gibt es immer. Das
25 wissen auch Florian, Louise und Ulrike aus Köln. Die drei arbeiten in einer Schülerinitiative mit, um dieses Risiko zu verringern. „Das Taxi-Stopp-System in Belgien ist unser Vorbild", erklärt Ulrike.
30 „Die Tramper warten an bestimmten Stellen in der Stadt auf eine Mitfahrgelegenheit. Jeder Tramper hat einen Ausweis mit Bild. Autofahrer, die Tramper mitnehmen möchten, kleben eine Plakette mit ihrer
35 Autonummer an die Scheibe. So kann der Tramper die Autonummer auch während der Fahrt lesen. Das Trampen wird weniger anonym und deshalb sicherer."

5. Welche deiner Vermutungen waren richtig?

_____

_____

6. Im Text gibt es Synonyme und Beispiele zu den unterstrichenen Wörtern. Kannst du sie finden?

Tramper: *zwei junge Männer mit Rucksack, ...* _____

Autostopp: _____

in Lebensgefahr: _____

Mitfahrgelegenheit: _____

7. Lies den Text noch einmal! Einer von den drei Sätzen stimmt mit dem Text überein. Kreuze an!

1. Zeile 1 – 9

❑ a) Jens und Bernhard wollen nach Griechenland trampen.

❑ b) Jens und Bernhard haben bis zum Nachmittag ein Auto gefunden.

❑ c) Jens und Bernhard fahren mit ihrem eigenen Auto nach Hamburg.

2. Zeile 10 – 16

❑ a) Die Polizei macht mit Plakaten Reklame für das Trampen.

❑ b) Die meisten jungen Leute trampen nicht gern.

❑ c) Trampen ist gefährlich.

3. Zeile 17 – 24

❑ a) Jens fährt seit fünf Jahren nur noch per Autostopp.

❑ b) Jens trampt, wenn er in die Disco geht oder Freunde besucht.

❑ c) Jens und Bernhard finden immer ein Auto, das sie mitnimmt.

4. Zeile 25 – 29

❑ a) In Köln gibt es eine Schülerinitiative gegen das Trampen.

❑ b) Eine Schülerinitiative möchte etwas gegen das Risiko beim Trampen tun.

❑ c) Florian, Louise und Ulrike wissen, dass es beim Trampen kaum ein Risiko gibt.

5. Zeile 29 – 39

❑ a) Das Taxi-Stopp-System macht das Trampen weniger anonym und deshalb sicherer.

❑ b) Alle Tramper müssen erst die Autonummer lesen, wenn sie trampen wollen.

❑ c) Nur Tramper mit einem Ausweis dürfen Autostopp machen.

Kleine, aber wichtige Wörter

Im häufigsten Übungstyp zum Leseverstehen müssen wir entscheiden, ob die Sätze in der Übung richtig oder falsch sind, d.h. ob sie mit dem Text übereinstimmen oder nicht. Solche Übungen sehen manchmal schwer aus. Die Sätze in der Übung unterscheiden sich nur sehr wenig vom Text. Wir müssen die kleinen Unterschiede herausfinden. Oft werden sie durch Adverbien oder Pronomen verursacht. Solche kleinen Wörter verändern die Aussage des Satzes nur ein bisschen. Aber diese Veränderung macht den Satz oft falsch. Deshalb werden wir uns jetzt mit den wichtigsten Wörtern beschäftigen und ihre genaue Bedeutung sehen:

1. Die Adverbien der ersten Gruppe drücken aus, wie oft etwas passiert. Übersetze sie!

| immer | meistens | oft häufig |

Hier regnet es immer.   Hier regnet es meistens.   Hier regnet es oft.

| manchmal ab und zu | selten | nie niemals |

Hier regnet es manchmal.   Hier regnet es selten.   Hier regnet es nie.

2. Diese Wörter drücken aus, über wie viele Menschen man spricht. Übersetze sie!

alle	fast alle	die meisten

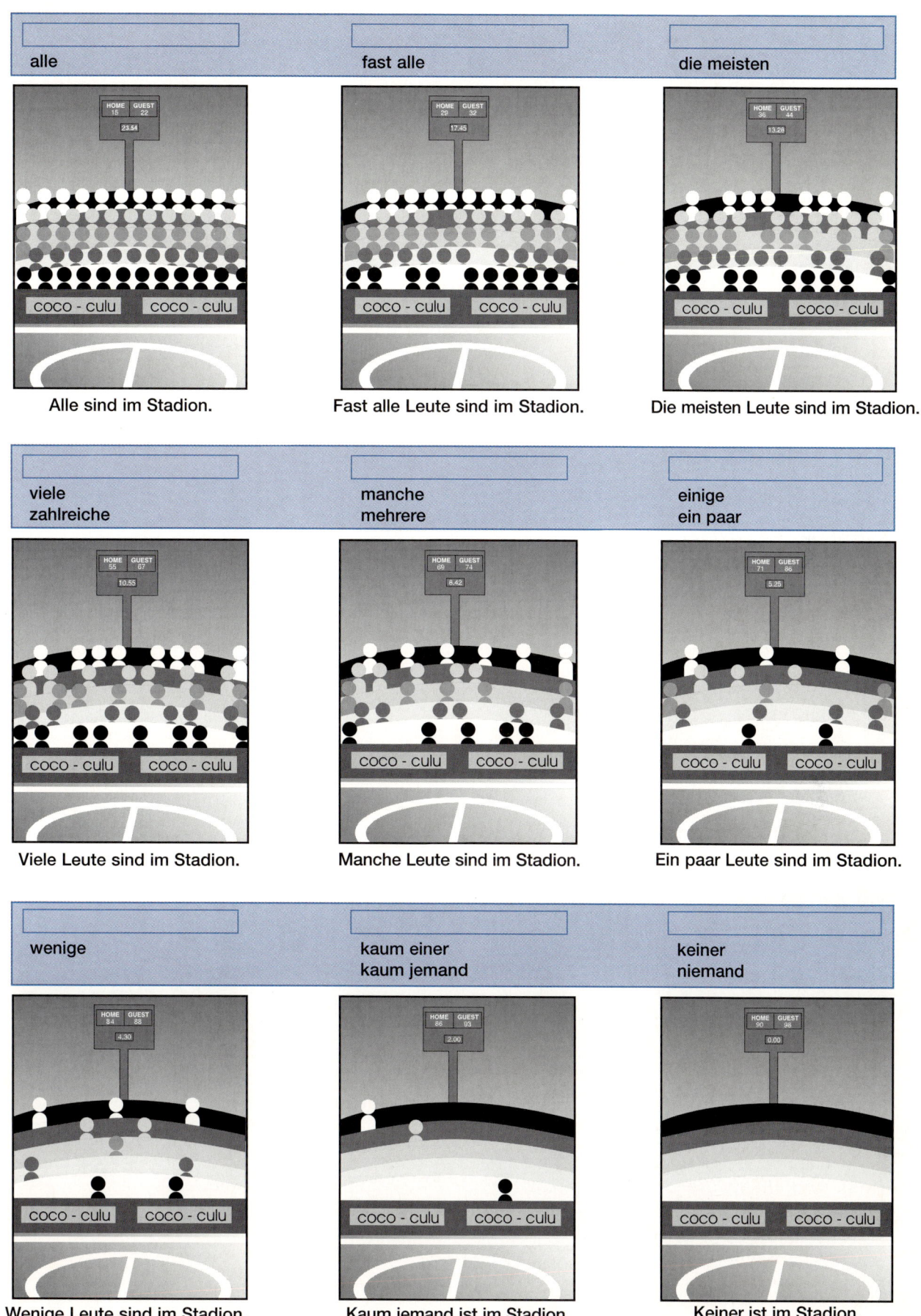

Alle sind im Stadion.   Fast alle Leute sind im Stadion.   Die meisten Leute sind im Stadion.

viele zahlreiche	manche mehrere	einige ein paar

Viele Leute sind im Stadion.   Manche Leute sind im Stadion.   Ein paar Leute sind im Stadion.

wenige	kaum einer kaum jemand	keiner niemand

Wenige Leute sind im Stadion.   Kaum jemand ist im Stadion.   Keiner ist im Stadion.

3. Diese Adverbien zeigen die **Menge von Dingen**. Übersetze sie!

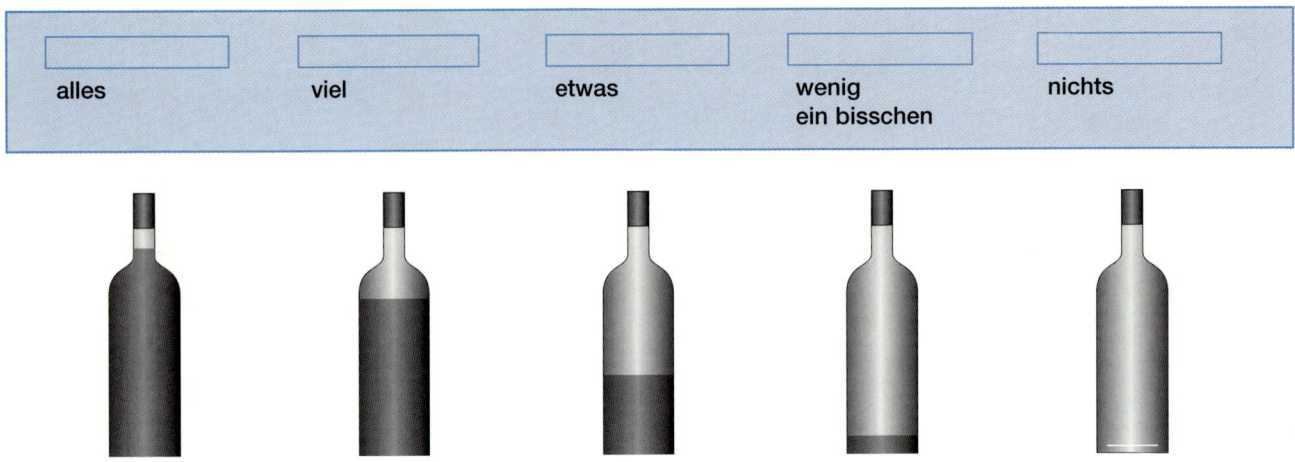

alles	viel	etwas	wenig ein bisschen	nichts

4. Die Adverbien dieser Gruppe stehen vor Adjektiven. Übersetze sie!

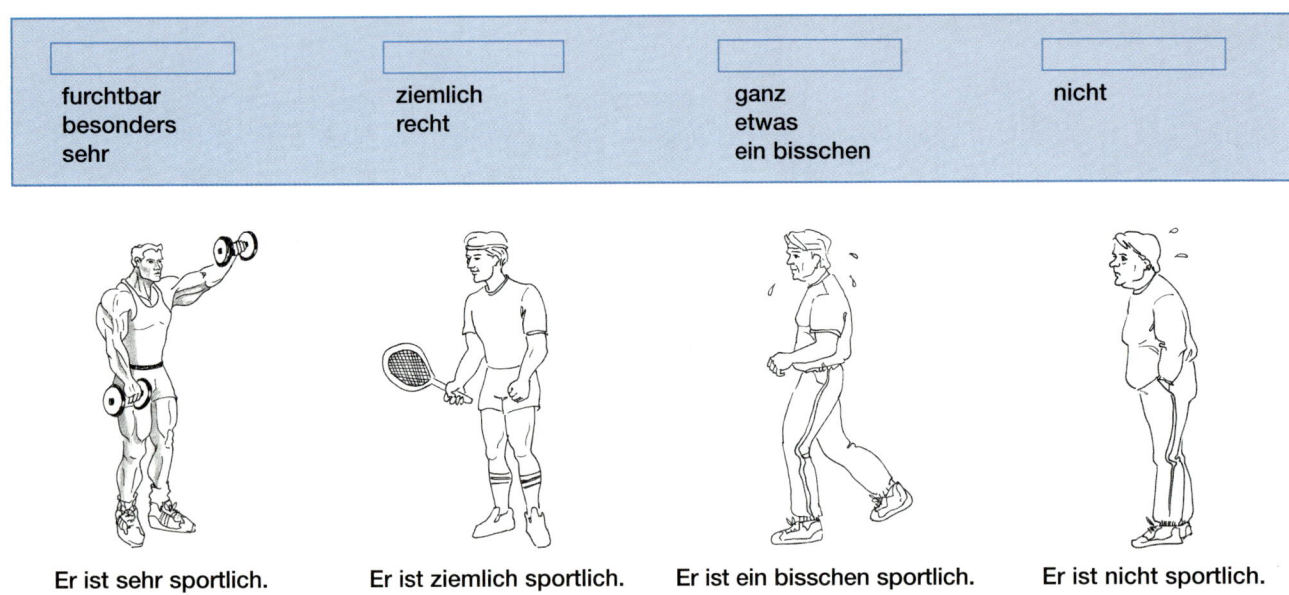

furchtbar besonders sehr	ziemlich recht	ganz etwas ein bisschen	nicht

Er ist sehr sportlich.   Er ist ziemlich sportlich.   Er ist ein bisschen sportlich.   Er ist nicht sportlich.

5. Lies die Überschrift und den Anfang des Textes! Welches Thema hat der Text?

_____

Fridolin Frost, der Bumerang-Weltmeister

Der Bumerang kommt aus Australien, aber der Bumerang-Weltmeister kommt aus Deutschland. Er heißt Fridolin Frost und ist 22 Jahre alt.

6. Was weißt du über das Thema? Vermute: Was kann im Text stehen?

_____

_____

_____

_____

7. Lies nun den ganzen Text!

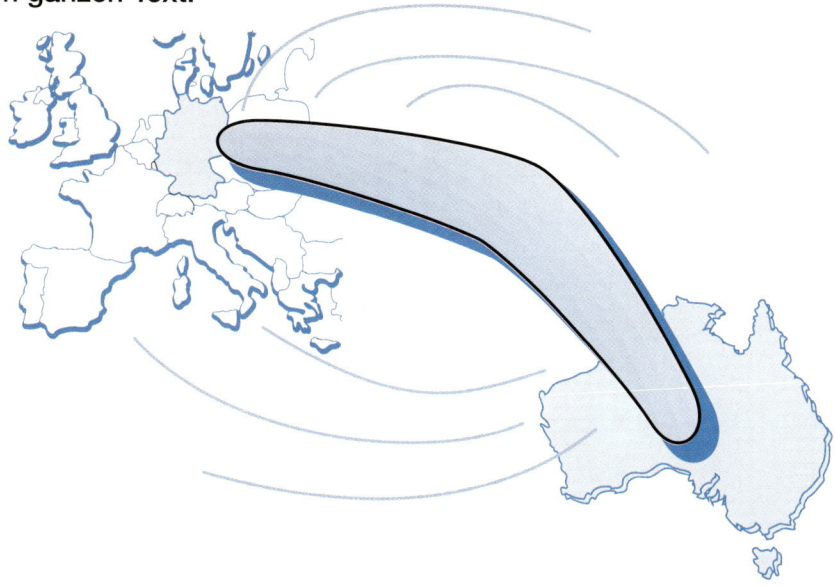

Fridolin Frost, der Bumerang-Weltmeister

Der Bumerang kommt aus Australien, aber der Bumerang-Weltmeister kommt aus Deutschland. Er heißt Fridolin Frost und ist 22 Jahre alt. Mit einem Bumerang aus Papier hat alles angefangen. Den hat Fridolin vor sechs Jahren vor einem Kino gefunden. Dann hat er den Papier-Bumerang aus Holz nachgebaut. Aber er flog nicht gut. Also hat sich Fridolin ein paar Bücher über Bumerangs gekauft und einen neuen, besseren Bumerang gebaut.

Jetzt trainiert Fridolin zwei- bis dreimal in der Woche, meistens zwei Stunden, aber manchmal auch fünf Stunden. 1989 und 1991 war er Europameister und 1992 Weltmeister. Das Bumerang-Werfen ist ein recht junger Sport. Er ist vielleicht 10 oder 15 Jahre alt. Man muss kein besonders guter Sportler sein, aber es hilft, wenn man etwas sportlich ist. Fridolin hat schon immer Sport gemacht: Radfahren, Skateboard fahren und Schwimmen.

Bei den Meisterschaften gibt es mehrere Disziplinen: Wer kann am weitesten werfen? Welcher Bumerang bleibt am längsten in der Luft? Welcher Bumerang kommt am schnellsten zurück? Und wer kann den Bumerang akrobatisch fangen? Fridolin hat Konkurrenten aus zahlreichen Ländern geschlagen. Er hatte einen großen Vorteil: das schlechte Wetter. „Das war gut für mich. Denn die meisten Gegner kommen aus Australien und die sind besseres Wetter gewöhnt," meint Fridolin.

Ab und zu musste er zu einer Bumerang-Meisterschaft in Deutschland oder im Ausland fahren. Glücklicherweise hatte er einen sehr netten Schuldirektor, der immer „Ja" gesagt hat. Denn Fridolin war in der Schule recht gut und hatte keine Probleme.

Seine Lieblingsfächer waren Mathematik, Physik, Sport und Englisch. Englisch hat ihm natürlich Spaß gemacht, weil er viel mit Bumerang-Sportlern aus anderen Ländern sprechen wollte. Mathematik und Physik findet er interessant, denn das hilft beim Bumerang-Bauen. Alle Bumerangs baut er selbst aus Karton, Holz oder Plastik. Bei den Formen ist alles erlaubt, was fliegt. Es gibt den klassischen Bumerang, aber auch Exemplare, die wie Kleiderbügel oder Propeller aussehen.

8. Welche deiner Vermutungen waren richtig?

_____

_____

_____

9. Lies den Text noch einmal! Was passt? Kreuze an!

1. Zuerst hat sich Fridolin _____ Bücher über Bumerangs gekauft.

❏ a) zahlreiche   ❏ b) einige   ❏ c) fast alle

2. Fridolin trainiert _____ fünf Stunden.

❏ a) ab und zu   ❏ b) immer   ❏ c) nie

3. Bumerang-Werfen ist ein _____ junger Sport.

❏ a) besonders   ❏ b) sehr   ❏ c) ziemlich

4. Es hilft, wenn der Bumerang-Werfer _____ sportlich ist.

❏ a) sehr   ❏ b) gar nicht   ❏ c) ein bisschen

5. Fridolin hat _____ Sport gemacht.

❏ a) häufig   ❏ b) schon immer   ❏ c) noch nie

6. _____ musste Fridolin zu einer Bumerang-Weltmeisterschaft fahren.

❏ a) Manchmal   ❏ b) Oft   ❏ c) Meistens

7. Fridolin hatte einen _____ netten Schuldirektor.

❏ a) ziemlich   ❏ b) recht   ❏ c) besonders

8. Fridolin war ein _____ guter Schüler.

❏ a) furchtbar   ❏ b) ziemlich   ❏ c) besonders

9. Er will _____ mit Bumerang-Sportlern aus anderen Ländern sprechen.

❏ a) ein bisschen   ❏ b) nicht   ❏ c) viel

10. _____ Bumerangs baut Fridolin selbst.

❏ a) Alle   ❏ b) Einige   ❏ c) Ein paar

38

10. Einer von den drei Sätzen stimmt mit dem Text überein. Kreuze an!

1. Zeile 1 – 11

❑ a) Fridolins erster Bumerang war aus Papier.

❑ b) Der erste Bumerang aus Papier flog nicht gut.

❑ c) Fridolin Frost kommt aus Australien und ist 22 Jahre alt.

2. Zeile 12 – 22

❑ a) Bumerang-Sportler müssen 10 oder 15 Jahre alt sein.

❑ b) Fridolin war schon zweimal Europameister.

❑ c) Für das Bumerang-Werfen muss man ein sehr guter Sportler sein.

3. Zeile 23 – 34

❑ a) Bei den Meisterschaften gewinnt, wer den Bumerang am weitesten werfen kann.

❑ b) Alle Bumerang-Sportler kommen aus Australien.

❑ c) Fridolin ist gewöhnt, auch bei schlechtem Wetter Bumerang zu werfen.

4. Zeile 35 – 40

❑ a) Die Bumerang-Meisterschaften sind immer in Deutschland.

❑ b) Der Schuldirektor hat Fridolin erlaubt, zu den Meisterschaften zu fahren.

❑ c) Fridolin musste nur selten zu einer Bumerang-Meisterschaft fahren.

5. Zeile 41 – 52

❑ a) Fridolin kauft Bumerangs aus Karton, Holz oder Plastik.

❑ b) Mathematik und Physik sind wichtige Fächer für das Bumerang-Bauen.

❑ c) Am besten fliegt der Bumerang mit der klassischen Form.

Fallen

In den vorigen Kapiteln hast du gelernt, worauf du beim Leseverstehen achten musst. Hier wollen wir dir noch eine Falle in den Aufgaben zum Leseverstehen zeigen. Oft ist ein Satz in der Aufgabe sehr lang und enthält mehrere Informationen aus dem Text. Wenn du den Satz nur flüchtig liest, siehst du vielleicht nicht alle Fehler, nicht alle Stellen, die mit dem Text nicht übereinstimmen. Deshalb solltest du immer den Satz in der Aufgabe gut mit der Aussage des Textes vergleichen. Alle Teile des Satzes müssen mit dem Text übereinstimmen.
Lies nun den kurzen Text und vergleiche ihn aufmerksam mit den Sätzen der Aufgabe.
Kannst du alle Fehler finden?

1. Die Sätze in der Aufgabe stimmen nicht ganz mit dem Text überein. Unterstreiche die Fehler!

Mit 17 Jahren hat ein Modefotograf sie in einer Disco entdeckt. Heute ist Claudia Schiffer eins der bekanntesten Fotomodelle. Sie kommt aus Deutschland, obwohl sie jetzt wegen ihrer Arbeit einige Monate im Jahr in New York lebt. Sie muss viel für ihre Gesundheit und ihre Schönheit tun. Deshalb geht sie abends früh schlafen. Außerdem isst sie viel Obst, mehr Fisch als Fleisch und trinkt viel Wasser. Sport ist eins ihrer Hobbys. Sie besucht aber auch gern Kunstgalerien.

a) Als Claudia Schiffer 17 Jahre alt war, hat ein Modefotograf sie in einer Disco entdeckt und sofort eins der bekanntesten Fotomodelle aus ihr gemacht.

b) Claudia Schiffer ist eins der bekanntesten Fotomodelle aus New York.

c) Claudia Schiffer schläft abends früh, isst gesunde Sachen und trinkt keinen Alkohol, weil sie viel für ihre Gesundheit und ihre Schönheit tun muss.

d) Claudia Schiffer will gesund und schön sein. Deshalb geht sie abends früh schlafen und treibt Sport.

e) Claudia geht gern in Kunstgalerien, denn sie interessiert sich sehr für moderne Malerei.

2. Lies die Überschrift und den Anfang des nächsten Textes! Welches Thema hat der Text?

_____

Der Mann aus dem Eis

Ein 5300 Jahre alter Mann erzählt über die Geschichte des Menschen. Wie das möglich ist? Auf einem Berg an der Grenze zwischen Österreich und Italien haben Touristen eine Mumie im Schnee gefunden. Wissenschaftler haben den „Mann aus dem Eis" untersucht und haben festgestellt, dass „Ötzi" – so nennen sie ihn – vor 5300 Jahren gelebt hat.

3. Vermute: Was kann im Text stehen?

_____

_____

_____

_____

_____

_____

4. Lies nun den ganzen Text!

Der Mann aus dem Eis

Ein 5300 Jahre alter Mann erzählt über die Geschichte des Menschen. Wie das möglich ist? Auf einem Berg an der Grenze zwischen Österreich und Italien haben
5 Touristen eine Mumie im Schnee gefunden. Wissenschaftler haben den „Mann aus dem Eis" untersucht und haben festgestellt, dass „Ötzi" – so nennen sie ihn – vor 5300 Jahren gelebt hat.

10 Er war 1,60 Meter groß, 50 bis 55 Kilo schwer und hatte schwarze Haare. Er hat lange Strümpfe aus Fell, Schuhe aus Leder und Gras, eine Unterhose aus Leder und einen langen Mantel aus Fell getragen.
15 Außerdem hatte er einen Umhang und eine Mütze aus Gras.

Der Mann aus dem Eis hatte einen Rucksack, Steine und mehrere Messer bei sich, die er vielleicht zum Jagen von Tieren
20 oder zum Sammeln von Früchten ge- braucht hat. In seinen Taschen haben die Forscher Essen gefunden, nämlich Beeren und getrocknetes Fleisch.

Jetzt sind die Wissenschaftler zu dem Ergebnis gekommen, dass Ötzi ein Hirte* 25 war. Im Winter lebte er in einem Dorf, den Sommer verbrachte er mit seinen Tieren in den Bergen. Dort muss ihm kurz vor seinem Tod etwas Schreckliches passiert sein, denn er hatte einen gebrochenen 30 Arm und zwei gebrochene Rippen. Vielleicht wurde er von wilden Tieren angegriffen oder hatte einen Kampf mit Räubern.

Um sich zu retten, ist er in die Berge 35 geflüchtet. Auf 3200 Meter Höhe ist er in einen schweren Schneesturm gekommen und hat hinter einem großen Stein Schutz gesucht. Dort ist er eingeschlafen, aber er ist nie mehr aufgewacht, denn in der Kälte 40 ist er erfroren. Erst 5300 Jahre später hat man ihn gefunden.

*

5. Welche deiner Vermutungen waren richtig?

_____

_____

_____

6. Einer von den Sätzen stimmt mit dem Text überein. Kreuze an!

1. Zeile 1 – 9

❏ a) Touristen haben im Sommer auf einem Berg den Mann aus dem Eis gefunden.

❏ b) Die Mumie war seit mehr als 5300 Jahren tot.

❏ c) Der Mann aus dem Eis ist eine Mumie und hat vor 5300 Jahren gelebt.

2. Zeile 10 – 16

❏ a) Der Mann war sehr groß und hatte schwarze Haare.

❏ b) Der Mann hat eine Mütze getragen, die aus Gras gemacht war.

❏ c) Seine Schuhe und seine Unterhose waren aus Leder und Gras.

3. Zeile 17 – 23

❏ a) Der Mann aus dem Eis hat in einem Rucksack sein Essen getragen, Beeren und getrocknetes Fleisch.

❏ b) Ötzi hatte ein Messer, mit dem er vielleicht Tiere gejagt oder Früchte gesammelt hat.

❏ c) Der Mann hatte mehrere Dinge bei sich, einen Rucksack, mehrere Messer, Steine, Beeren und getrocknetes Fleisch.

4. Zeile 24 – 33

❏ a) Nach Meinung der Wissenschaftler war der Mann ein Hirte und lebte im Sommer in den Bergen.

❏ b) Er hat sich einen Arm und zwei Rippen gebrochen, als er von wilden Tieren angegriffen wurde.

❏ c) Ötzi war entweder ein Bauer aus einem Dorf oder ein Hirte, der mit seinen Tieren in den Bergen lebte.

5. Zeile 34 – 41

❏ a) Der Mann ist in die Berge gegangen, wo er in einem Dorf Hilfe finden wollte.

❏ b) Unter einem Baum hat er Schutz vor einem schweren Schneesturm gesucht.

❏ c) Auf 3200 Meter Höhe ist der Mann eingeschlafen und in der Kälte erfroren.

42

Teil B

Mittleres Niveau

1. *Lies den Titel und den Anfang des Textes! Welches Thema hat der Text?*

_____

Weltmeister mit Sonnenenergie

Seit sechs Jahren gibt es in der Schweiz die „Tour de Sol", das Weltmeister-Rennen der Solarmobile.
Das sind Autos, die nur mit Sonnenenergie fahren.

2. *Was weißt du über das Thema? Vermute: Was kann im Text stehen?*

_____

_____

_____

3. *Lies nun den ganzen Text!*

Weltmeister mit Sonnenenergie

Seit sechs Jahren gibt es in der Schweiz die „Tour de Sol", das Weltmeister-Rennen der Solarmobile.
Das sind Autos, die nur mit Sonnenenergie fahren. Das Weltmeister-Auto kommt aus Deutschland. Es fuhr
fast 800 Kilometer mit einer Höchstgeschwindigkeit von 115 Kilometer/Stunde und brauchte weniger
Energie als die anderen Solarmobile.

5 Studenten der Technischen Hochschule Darmstadt haben es mit ihrem Professor gebaut. Praktische
Seminare sind ein wichtiger Teil des Studiums. Doch oft sind sie langweilig. „Wie kann ich die
Studentinnen und Studenten motivieren?" fragte sich Professor Bernhard Cramer. Sein Assistent Teddy
Woll hatte die Idee: „Wir bauen ein Auto für die Solarmobil-Weltmeisterschaft!" Die Idee begeisterte:
Endlich ein Ziel, für das sich die Arbeit lohnt.

10 Solarmobile fahren im Vergleich zum gewöhnlichen Auto ohne Benzin, ohne Motorenlärm und ohne
Abgaswolken. Sie sammeln ihre Energie von der Sonne und speichern sie in einer Batterie. Ihr
Energieverbrauch ist viel geringer als beim normalen Auto.

Dass bis heute nur wenige Solarmobile auf der Straße anzutreffen sind, liegt an mehreren Gründen: Einige
Teile eines Solarmobils sind noch nicht so gut entwickelt und haben deshalb sehr hohe Baukosten.
15 Außerdem hegen viele Leute immer noch Misstrauen der Sonnenenergie gegenüber.

Solarmobile fahren übrigens auch im Winter und bei Regen! Ihre Energie „tanken" sie während
Sonnenphasen. So sind sie auf mehrere Tage hinaus auch bei Nacht und schlechtem Wetter fahrbar.

4. **Welche deiner Vermutungen waren richtig?**

_____

_____

5. *Zu den folgenden Aufgaben gibt dir nur der Text die richtige Antwort. Lies also bei jeder Aufgabe im Text nach und frage dich: „Habe ich das im Text gelesen?" Kreuze dann die richtige Lösung an! Zu jeder Aufgabe gibt es nur **eine** richtige Lösung.*

1. Zeile 1 – 4

   a) Bei der „Tour de Sol" wurde ein Auto aus Deutschland Weltmeister.

   b) Das Weltmeister-Auto braucht weniger Energie als ein normales Auto.

   c) Bei der „Tour de Sol" dürfen auch Autos fahren, die nur Sonnenenergie brauchen.

2. Zeile 5 – 9

   a) Der Bau des Autos war langweilig.

   b) Die Studenten haben das Solarmobil gebaut, damit der Unterricht an der Hochschule interessanter wird.

   c) Professor Bernhard Cramer hatte die Idee, ein Auto für die Solarmobil-Weltmeisterschaft zu bauen.

3. Zeile 10 – 12

   a) Das Solarmobil fährt mit der Energie aus einer Batterie.

   b) Solarmobile fahren mit Sonnenenergie und Elektrizität.

   c) Solarmobile sind leiser und verschmutzen nicht die Umwelt.

4. Zeile 13 – 15

   a) Die meisten kaufen sich keine Solarmobile, weil sie nicht gut fahren.

   b) Solarmobile sind teuer.

   c) Es gibt noch nicht viele Solarmobile, weil die Sonne nicht immer scheint.

5. Zeile 16 – 17

   a) Solarmobile fahren besonders gut bei schlechtem Wetter.

   b) Die ideale Temperatur für Solarmobile ist 20° C.

   c) Solarmobile fahren auch ohne Sonne einige Tage lang.

12

1. *Lies den Titel und den Anfang des Textes! Welches Thema hat der Text?*

Tödliche Stunden

Sonntag, 3. Mai, 00.30 Uhr. Ein 18-jähriger Autofahrer fährt mit seinem Wagen von Marburg nach Gladenbach. Es regnet. In einer Linkskurve verliert der Fahrer die Kontrolle. Der Wagen kommt von der Fahrbahn ab, prallt gegen einen Baum. Der Beifahrer wird aus dem Fenster geschleudert. Er stirbt noch an der Unfallstelle.

2. *Was weißt du über das Thema? Vermute: Was kann im Text stehen?*

_____

_____

3. *Lies nun den ganzen Text!*

Tödliche Stunden

Sonntag, 3. Mai, 00.30 Uhr. Ein 18-jähriger Autofahrer fährt mit seinem Wagen von Marburg nach Gladenbach. Es regnet. In einer Linkskurve verliert der Fahrer die Kontrolle. Der Wagen kommt von der Fahrbahn ab, prallt gegen einen Baum. Der Beifahrer wird aus dem Fenster geschleudert. Er stirbt noch an der Unfallstelle.

Jeder zweite Jugendliche, der in Deutschland sein Leben verliert, stirbt bei einem Verkehrsunfall. Besonders an Wochenenden und in ländlichen Regionen verunglücken junge Fahrer mit ihren Autos oder Motorrädern. Fehlende Erfahrung, Leichtsinn, Alkohol – es gibt mehrere Gründe für die schreckliche Bilanz.

Immer mehr Jugendliche haben schon mit 18 Jahren ihren Führerschein. Dann dürfen sie das Familienauto benutzen oder können sich sogar ein eigenes Auto kaufen. Gerade auf dem Land braucht man ein Auto, meinen die meisten. Denn Diskotheken, Sportanlagen und andere Freizeitmöglichkeiten hat man nicht direkt vor der Tür, und Busse oder Bahnen fahren viel zu selten durch die Dörfer.

Die meisten Unfälle Jugendlicher passieren am Wochenende. In nur 12 Stunden, nämlich Freitag- und Samstagnacht, sterben 19 Prozent der Fahrer und 24 Prozent der Mitfahrer.

Dies sind die gefürchteten Disko-Unfälle der 18-24-jährigen: Man fährt in fröhlicher Stimmung nach Hause. Oft hat man noch viele Freunde dabei, das Auto ist überladen. Das Radio spielt mit voller Lautstärke, man fährt oft leichtsinniger. Der Fahrer hat Alkohol getrunken. Die Zahl der Unfälle liest man jeden Montag in der Regionalzeitung.

Inzwischen gibt es in vielen Dörfern und Städten Initiativen gegen die Disko-Unfälle, in Lübeck zum Beispiel. Busse fahren jedes Wochenende von dort zu einer Großdiskothek in Groß Weeden. Die jungen Fahrgäste bezahlen freitags nichts, samstags zwei Mark für Hin- und Rückfahrt. Die restlichen Kosten für den Bus bezahlt der Besitzer der Diskothek.

In Baiswell im Allgäu gründeten 70 junge Leute eine „Jugendarbeitsgemeinschaft zur Verbesserung der Verkehrssicherheit und Mobilität", kurz JAG genannt. Zwei Busse fahren zu Diskotheken, mehreren Kinos und Restaurants. Der Fahrpreis beträgt vier Mark. In jedem Treffpunkt bekommt man eine Mark als Bonus für ein Getränk zurück.

Einen anderen Weg gegen Disko-Unfälle geht man in Hückelhoven-Baal bei Aachen. In dem dortigen Jugendtreff „Big Apple" gibt es keinen Alkohol, sondern nur Frucht-Drinks. Trotzdem ist die Stimmung meistens gut.

4. *Welche deiner Vermutungen waren richtig?*

_____

_____

_____

48

5. *Zu den folgenden Aufgaben gibt dir nur der Text die richtige Antwort. Lies also bei jeder Aufgabe im Text nach und frage dich: „Habe ich das im Text gelesen?" Kreuze dann die richtige Lösung an! Zu jeder Aufgabe gibt es nur **eine** richtige Lösung.*

1. Zeile 1 – 8

   a) Ein 18-jähriger Mann sieht in der Nacht einen Unfall.

   b) Bei dem Autounfall stirbt eine Person.

   c) Zwei Autos verursachen Sonntagnacht einen Unfall.

2. Zeile 9 – 15

   a) Die Unfälle passieren nur, weil die jungen Fahrer Alkohol getrunken haben.

   b) Für die zahlreichen Unfälle gibt es mehrere Gründe.

   c) 2% aller Jugendlichen verlieren ihr Leben bei einem Verkehrsunfall.

3. Zeile 16 – 24

   a) Viele Jugendliche brauchen ein Auto, weil Diskos, Sportanlagen und Freizeitmöglichkeiten weit entfernt sind.

   b) Alle 18-Jährigen benutzen das Familienauto oder kaufen sich selbst ein Auto.

   c) Auf dem Land braucht man ein Auto, meinen alle jungen Leute.

4. Zeile 25 – 28

   a) Am Wochenende haben die meisten Leute einen Unfall.

   b) Freitag- und Samstagnacht sterben sehr viele junge Leute bei Unfällen.

   c) Autofahren ist gefährlich, denn 19% der Fahrer sterben.

5. Zeile 29 – 36

   a) Wenn der Fahrer Alkohol getrunken hat, gibt es einen Unfall.

   b) Jeden Montag kann man in der Regionalzeitung lesen, wie man Auto fahren soll.

   c) Wenn die Jugendlichen nachts von der Disko kommen, fahren sie oft leichtsinnig.

6. Zeile 37 – 44

   a) In Lübeck gibt es die erste Initiative gegen Disko-Unfälle.

   b) Am Wochenende bringen Busse die Jugendlichen zur Disko und wieder zurück.

   c) Der Besitzer der Diskothek bezahlt alle Kosten für den Bus.

7. Zeile 45 – 52

   a) Die Besitzer mehrerer Diskotheken, Kinos und Restaurants haben zwei Busse für ihre Gäste organisiert.

   b) Junge Leute bezahlen vier Mark für den Bus und eine Mark für ein Getränk.

   c) In Baiswell interessieren sich viele Jugendliche für das Problem der Verkehrssicherheit und Mobilität.

8. Zeile 53 – 57

   a) Im „Big Apple" trinken die Jugendlichen nur Frucht-Drinks.

   b) Autofahrer dürfen im „Big Apple" keinen Alkohol trinken.

   c) Im „Big Apple" ist die Stimmung immer gut, weil alle Frucht-Drinks trinken.

13

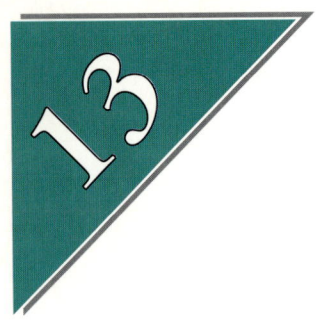

1. *Lies den Titel des Textes! Welches Thema hat der Text?*

Lotto

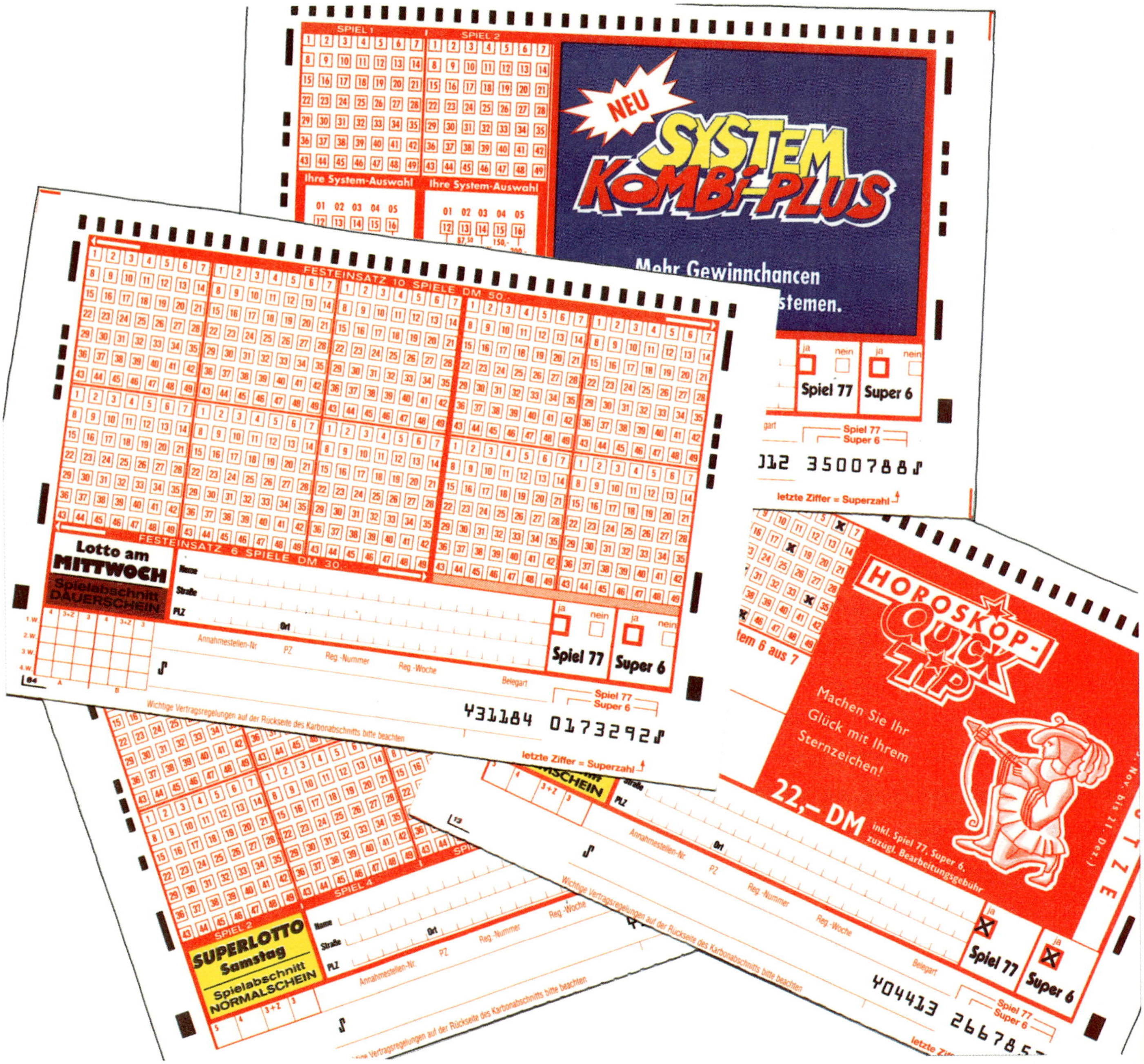

2. *Was weißt du über das Thema? Vermute: Was kann im Text stehen?*

_____

_____

3. *Lies nun den ganzen Text!*

Lotto

Samstagabend, zehn vor acht. Millionen Deutsche sitzen vor dem Fernseher und verfolgen die Ziehung der Lottozahlen. Sie hoffen auf den ganz großen Gewinn. In Gedanken sehen sie schon das eigene Haus, planen sie eine Weltreise. Zehn Minuten später ist für die meisten der Traum vom Geld zu Ende. Bis zum nächsten Samstag.

Lotto, das ist schon ein richtiger Volkssport. Woher kommt es? Nach alten Berichten entstand das Wettspiel im 16. Jahrhundert in der italienischen Stadt Genua: Dort bestimmte man die fünf Mitglieder des Großen Rates, indem man einfach fünf Namen aus einem Topf mit 90 Zetteln zog. Die Bürger schlossen schon Tage vorher Wetten darauf ab, wer in Zukunft die Politik bestimmen würde. Und weil es so viel Spaß machte, entwickelten kluge Leute auf einem Jahrmarkt daraus das erste Lotto-Spiel: „5 aus 90" – den historischen Vorgänger von „6 aus 49", das seit Oktober 1955 in Deutschland gespielt wird.

Heute erwarten Groß und Klein das große Glück vom Lotto. Wer aber auf sechs Richtige hofft, muss ein wahrer Optimist sein: Die Chancen stehen 1:14 Millionen. Und den Jackpot knackt man sogar nur mit einer Wahrscheinlichkeit von 1:140 Millionen. Aber trotzdem sind im letzten Jahr 184 Spieler zu Lotto-Millionären geworden.

Viele Lotto-Spieler glauben, dass sich die Gewinnchancen vergrößern, wenn man bestimmte Zahlen ankreuzt. Die Zahl, die statistisch am häufigsten gezogen wird, ist die 32. Dann folgen 49, 21, 38, 19, 26 und 48. Verlierer dagegen ist die magische 13.

Lotto-Experten sagen, man soll nicht auf die Zahlen tippen, die von anderen oft gewählt werden. Dann muss man nämlich nicht mit anderen teilen, wenn man gewinnt. Das sind alle Zahlen, die in Geburtstagen vorkommen (1 bis 31), Glückszahlen wie 3, 7 und 17 und Dreierkombinationen, wie z.B. 31, 32, 33.

Lotto-Spielern stellt man immer wieder die Frage, was sie denn mit einem Gewinn machen wollen. An erster Stelle auf der Wunschliste steht eine Weltreise. Etwa 60% wollen das Geld bei der Bank so anlegen, dass sie davon leben können, ohne zu arbeiten. Dann folgen der Kauf eines eigenen Hauses oder einer Wohnung und das Ausüben eines teuren Hobbys. 55% aller Männer möchten ein Luxus-Auto kaufen, während die Frauen sich lieber mit eleganter Designermode einkleiden wollen. Und du, was würdest du mit deinem Lotto-Gewinn machen?

4. *Welche deiner Vermutungen waren richtig?*

_____

_____

_____

5. *Zu den folgenden Aufgaben gibt dir nur der Text die richtige Antwort. Lies also bei jeder Aufgabe im Text nach und frage dich: „Habe ich das im Text gelesen?" Kreuze dann die richtige Lösung an! Zu jeder Aufgabe gibt es nur **eine** richtige Lösung.*

1. Zeile 1 – 8

   a) Am Samstagabend gewinnen Millionen Deutsche viel Geld.

   b) Am Samstagabend sitzen viele Deutsche im eigenen Haus und planen eine Weltreise.

   c) Millionen Deutsche hoffen, viel Geld zu gewinnen.

2. Zeile 9 – 17

   a) In Genua wählte man die Politiker, indem man fünf Zettel mit Namen aus einem Topf zog.

   b) Wer in Genua im 16. Jahrhundert beim Wettspiel gewann, konnte die Politik bestimmen.

   c) Im 16. Jahrhundert war Lotto in Genua ein Volkssport.

3. Zeile 17 – 22

   a) Auf einem Jahrmarkt spielte man zum ersten Mal „5 aus 90".

   b) In Italien spielte man „5 aus 90", in Deutschland aber „6 aus 49".

   c) Deutschland ist das erste Land, in dem „6 aus 49" gespielt wurde.

4. Zeile 23 – 30

   a) Nur Optimisten haben beim Lotto sechs Richtige.

   b) 184 Spieler haben im letzten Jahr beim Lotto 140 Millionen gewonnen.

   c) Es ist nicht sehr wahrscheinlich, dass jemand den Jackpot knackt.

5. Zeile 31 – 36

   a) Es gibt einige Zahlen, bei denen man besonders gute Chancen hat, zu gewinnen.

   b) Wer die magische 13 ankreuzt, verliert immer.

   c) Statistisch gesehen, werden einige Zahlen häufiger als die anderen gezogen.

6. Zeile 37 – 43

   a) Lotto-Experten können den Spielern sagen, auf welche Zahlen sie tippen sollen.

   b) Wer seltene Zahlen ankreuzt, muss nicht mit anderen teilen, wenn er gewinnt.

   c) Mit Glückszahlen wie 3, 7 und 17 und Dreierkombinationen gewinnt man besonders schnell.

7. Zeile 44 – 55

   a) Die meisten Lotto-Spieler wollen mit dem Gewinn eine Weltreise machen.

   b) 60% der Lotto-Spieler arbeiten nicht gern.

   c) Immer wieder fragt man Gewinner, was sie mit dem Geld machen wollen.

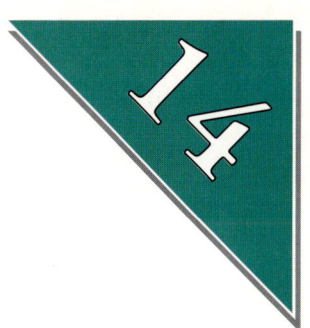

1. Lies den Titel und den Anfang des Textes! Welches Thema hat der Text?

Sprachreisen

Maja hat eine schlechte Note in Französisch, Anne möchte nach dem Abitur auf eine Design-Schule in New York gehen, und Natascha will endlich die Liedtexte von Eros Ramazzotti verstehen. Die Idee, eine Sprachreise zu machen, kann ganz unterschiedlich zustande kommen. Vielleicht hast du auch schon mal daran gedacht? Kein langweiliges Lernen, sondern gemeinsam mit Jugendlichen aus anderen Ländern einige Wochen voller Sport, Partys und Städtetouren erleben und fast nebenbei die Sprache besser lernen.

2. Was weißt du über das Thema? Vermute: Was kann im Text stehen?

3. *Lies nun den ganzen Text!*

Sprachreisen

Maja hat eine schlechte Note in Französisch, Anne möchte nach dem Abitur auf eine Design-Schule in New York gehen, und Natascha will endlich die Liedtexte von Eros Ramazzotti verstehen. Die Idee, eine Sprachreise zu machen, kann ganz unterschiedlich zustande kommen. Vielleicht hast du auch schon mal daran gedacht? Kein langweiliges Lernen, sondern gemeinsam mit Jugendlichen aus anderen Ländern
5 einige Wochen voller Sport, Partys und Städtetouren erleben und fast nebenbei die Sprache besser lernen.

Im Reisebüro wird man von Katalogen nur so erschlagen. Sprachreisen für Jugendliche – ein vielfältiger, etwas unübersichtlicher Markt. Bevor du dich erkundigst, solltest du vorher über ein paar Dinge nachdenken. Je genauer du weißt, was du willst, um so schneller wirst du das passende Angebot finden. So kannst du Enttäuschungen und unnötige Ausgaben vermeiden.

10 Um deine Sprachkenntnisse tatsächlich zu verbessern, solltest du mindestens zwei Wochen in einem Land bleiben und Unterricht nehmen. Aber die Reisedauer hängt natürlich auch damit zusammen, wie viel Geld deine Eltern überhaupt ausgeben wollen.

Ein Preisvergleich einzelner Angebote lohnt sich, ist aber schwierig. Oft gibt es einen kleinen Preisnachlass, wenn Geschwister oder Freunde gleichzeitig buchen. Grundsätzlich gilt: Der Reisepreis soll der
15 Endpreis sein, in dem alle Kosten enthalten sind: Anreise, Unterbringung, Verpflegung, Unterricht und Bücher, Ausflüge, eventuell auch eine Unfall-, Kranken- und Haftpflichtversicherung. Sportanlagen stehen in den Colleges und Schulen kostenlos zur Verfügung. Sportunterricht muss getrennt bezahlt werden. Taschengeld geht sowieso extra.

Gelernt wird meistens an fünf Tagen in der Woche. Die Dauer des Unterrichts schwankt dabei zwischen
20 zwei und sechs Stunden pro Tag. Der Nachmittag steht dir für Ausflüge und Sport zur Verfügung.

Du kannst zwischen Einzelunterricht und Gruppen mit drei bis fünfzehn Teilnehmern wählen. Je kleiner die Gruppe ist, desto größer ist der Lernerfolg, weil der einzelne Schüler öfter Gelegenheit hat zu sprechen. Einzelunterricht bringt natürlich am meisten, ist aber für manchen zu teuer. Wichtig ist, dass du vor der Reise oder am ersten Kurstag einen Einstufungstest machst, damit du in eine Gruppe kommst,
25 in der dich das Sprachniveau weder langweilt noch überfordert.

An den unterrichtsfreien Nachmittagen bieten alle Veranstalter Ausflüge, Städtetouren und Zeit zur freien Verfügung. Aber auch fürs Wochenende sollte es Angebote geben, zum Beispiel Disco, Kino oder Strandpartys.

Wenn du ein bisschen mehr als Spiel und Spaß erwartest, kannst du eine kombinierte Reise buchen, zum
30 Beispiel Sprachkurs mit Reitunterricht: vormittags die Sprache lernen, nachmittags ein Pferd versorgen, Reitstunden, Ausritte. Oder du kannst nachmittags einen bestimmten Sport lernen, wie Tennis, Segeln, Surfen.

Wohnen kannst du in Gastfamilien oder in einem Mehrbettzimmer in einer Wohnanlage. In der Familie hat man Kontakt mit Land und Leuten. Man sieht, wie die Menschen leben. Außerdem ist die Atmosphäre
35 ein bisschen persönlicher. In der Wohnanlage der Sprachschule bietet das gemeinsame Wohnen mit Jugendlichen aus verschiedenen Ländern die Möglichkeit, schnell viele Leute kennen zu lernen und zusammen mit der Clique etwas zu unternehmen.

4. *Welche deiner Vermutungen waren richtig?*

_____

_____

5. *Zu den folgenden Aufgaben gibt dir nur der Text die richtige Antwort. Lies also bei jeder Aufgabe im Text nach und frage dich: „Habe ich das im Text gelesen?" Kreuze dann die richtige Lösung an! Zu jeder Aufgabe gibt es nur **eine** richtige Lösung.*

1. Zeile 1 – 5

   a) Die meisten Schüler wollen eine Sprachreise machen, weil sie eine schlechte Note haben.

   b) Wer im Ausland auf eine Design-Schule gehen will, muss eine Sprachreise machen.

   c) Bei Sprachreisen macht man viele interessante Dinge und lernt eine Fremdsprache.

2. Zeile 6 – 9

   a) Wer eine Sprachreise machen möchte, muss genau wissen, was er will.

   b) In Reisebüros findet man schnell ein passendes Angebot.

   c) Im Reisebüro soll man darüber nachdenken, was man will.

3. Zeile 10 – 12

   a) Wenn die Eltern viel Geld ausgeben wollen, kann man lange im Ausland bleiben.

   b) Am besten lernt man die Sprache, wenn man zwei Wochen in einem fremden Land bleibt.

   c) Man kann seine Sprachkenntnisse nicht durch eine Reise verbessern, sondern nur durch Unterricht.

4. Zeile 13 – 18

   a) Im Reisepreis sind alle Kosten für die Reise und den Sportunterricht enthalten.

   b) Wenn mehrere Personen zusammen eine Sprachreise buchen, ist es oft billiger.

   c) Manchmal ist im Reisepreis auch das Taschengeld enthalten.

5. Zeile 19 – 20

   a) Es gibt vormittags zwei und nachmittags sechs Stunden Unterricht.

   b) In den meisten Sprachschulen hat man am Nachmittag Freizeit.

   c) Die Schüler haben entweder zwei oder sechs Stunden pro Tag.

6. Zeile 21 – 25

   a) In kleinen Gruppen kann man sehr gut lernen.

   b) Vor der Reise müssen die Schüler einen Test machen, damit sie in die Sprachschule kommen dürfen.

   c) Einzelunterricht ist für alle Schüler die beste Lösung.

7. Zeile 26 – 28

   a) Am Wochenende gehen alle Schüler in die Disco, ins Kino oder zur Strandparty.

   b) Auf allen Sprachreisen gibt es Ausflüge, Städtetouren und freie Zeit.

   c) Wer keinen Unterricht machen will, kann einen Ausflug oder eine Städtetour machen.

8. Zeile 29 – 32

   a) Es gibt auch Reisen, bei denen man keine Sprache, sondern einen bestimmten Sport lernt.

   b) Nach dem Sprachunterricht lernen alle reiten.

   c) Bei einer kombinierten Reise kann man auch einen bestimmten Sport lernen.

9. Zeile 33 – 37

   a) In der Wohnanlage der Sprachschule ist die Atmosphäre sehr persönlich.

   b) Beim Sprachunterricht kann man schnell viele Leute kennen lernen.

   c) Wenn man das fremde Land und das Leben dort kennen lernen möchte, wohnt man besser in einer Gastfamilie.

1. Lies den Titel und den Anfang des Textes! Welches Thema hat der Text?

_____

Alles Gute zum Geburtstag, Hamburger!

Wer kennt ihn nicht, den Hamburger, den es in jedem Schnellrestaurant zu essen gibt? Im Jahr 1994 hatte er seinen 100. Geburtstag.

2. Was weißt du über das Thema? Vermute: Was kann im Text stehen?

_____

_____

Happy birthday dear ... Burger!

100 *years*

56

Alles Gute zum Geburtstag, Hamburger!

Wer kennt ihn nicht, den Hamburger, den es in jedem Schnellrestaurant zu essen gibt? Im Jahr 1994 hatte er seinen 100. Geburtstag. So alt ist die Idee „Brötchen mit Hackbraten" schon. Der Hamburger kommt ursprünglich aus Deutschland. Hamburger Kaufleute exportierten ihn Ende des vorigen Jahrhunderts per Schiff in die USA. Damals hieß er noch „Hamburger Hacksteak".

Zu einem der bekanntesten Gerichte der Welt wurde er dank eines Mannes namens Ray Kroc: Der Handelsreisende war 1954 auf einer staubigen Landstraße in Kalifornien unterwegs, wo die Brüder Richard und Maurice McDonald am Wegesrand Mengen von Hamburgern verkauften. Ray Kroc kaufte den Brüdern die Idee – Brötchen mit Hackbraten und Tomatensoße zum Standardpreis – für ein paar Dollar ab. Innerhalb weniger Monate verkaufte er 250 Lizenzen für McDonald's Imbissläden und eröffnete bereits ein Jahr später sein erstes vollautomatisches Schnellrestaurant in Des Moines im US-Staat Illinois.

Inzwischen wird der Hamburger in 66 Ländern der Erde verkauft; allein in Deutschland gehen pro Sekunde rund 150 Stück über den Ladentisch. Gegessen wird er nicht nur in Schnellrestaurants, sondern auch schon auf jeder besseren Party. Sogar Muskelprotz und „Rambo" Sylvester Stallone hielt ihn für schick genug und verschenkte bei der Eröffnung seines Restaurants „Planet Hollywood" in Los Angeles mehr als 1 000 Exemplare an seine Gäste.

Eine bessere Werbung für den Hamburger hat es bisher erst einmal gegeben. In Seymour/ Wisconsin (USA) nämlich, wo der ortsansässige Fleischer 1989 den mit 2 503 Kilo schwersten und größten Hamburger der Welt herstellte – und ins Guinness-Buch der Rekorde kam.

Böse Kritiker meinen immer wieder, dass Hamburger ungesunde Dickmacher seien. Das stimmt nicht! Der Hamburger hat nur 260 Kalorien und ist gesünder als sein Ruf. In ihm stecken nämlich weder Phosphate noch Farb- oder Aromastoffe.

Das ist ein kleiner Trost für Eltern. Denn vor allem Kinder sind begeistert von den Burgers. Meistens ist es für sie Liebe auf den ersten Biss. Wie kommt das? Das Essen mit den Fingern bringt Spaß und das Gefühl von Freiheit. Außerdem hat der Hamburger zwei fantastische Eigenschaften: Er ist fleischig und weich wie Babynahrung. Der Genuss steigt dann noch mit dem richtigen Ketchup. Süß muss er sein und auch etwas säuerlich. Um aber einen Hamburger aufzuessen, ohne sein Hemd mit Ketchup schmutzig zu machen, muss man schon viel Übung haben.

_____

_____

1. Zeile 1 – 9

   a) Alle Hamburger kommen heute aus Deutschland.
   b) Der Hamburger heißt in den USA „Hamburger Hacksteak".
   c) Der Hamburger ist ein Brötchen mit Hackbraten.

2. Zeile 10 – 16

   a) 1954 wurden in Kalifornien zum ersten Mal Hamburger verkauft.

   b) Die Brüder McDonald haben in Kalifornien die ersten Hamburger gegessen.

   c) Ray Kroc hat den Hamburger bekannt gemacht.

3. Zeile 16 – 23

   a) Die Idee für den Hamburger kaufte Ray Kroc von den Brüdern McDonald.

   b) Ray Kroc kaufte für ein paar Dollar alle Brötchen.

   c) Ray Kroc eröffnete das erste vollautomatische Schnellrestaurant in den USA.

4. Zeile 24 – 34

   a) In Deutschland werden 150 Hamburger am Tag verkauft.

   b) Hamburger kann man nicht in Schnellrestaurants, sondern nur auf Partys essen.

   c) Sylvester Stallone hat mit Hamburgern Werbung für sein neues Restaurant gemacht.

5. Zeile 35 – 40

   a) Ein Fleischer aus Seymour/Wisconsin kam ins Guinness-Buch der Rekorde, weil er den größten Hamburger gegessen hat.

   b) Die beste Werbung für den Hamburger hat man in Seymour/Wisconsin gemacht.

   c) Der größte und schönste Hamburger wurde 1989 hergestellt.

6. Zeile 41 – 46

   a) Hamburger haben wenige Kalorien.

   b) Hamburger sind ungesund und machen dick.

   c) Im Hamburger sind keine Phosphate, aber Farb- oder Aromastoffe.

7. Zeile 47 – 51

   a) Eltern essen Hamburger nicht gern.

   b) Kinder lieben Hamburger, weil man sie mit den Fingern essen kann.

   c) Alle Kinder lieben Hamburger.

8. Zeile 52 – 59

   a) Hamburger schmecken nur mit dem richtigen Ketchup.

   b) Hamburger sind eine fantastische Babynahrung.

   c) Es ist nicht leicht, einen Hamburger aufzuessen, ohne sein Hemd schmutzig zu machen.

1. *Lies den Titel und den Anfang des Textes! Welches Thema hat der Text?*

_____

_____

Marken-Manie

Ein neues Problem erschreckt die Eltern – der Wunsch ihrer Kinder, in besonders teurer Kleidung herumzulaufen.

2. *Was weißt du über das Thema? Vermute: Was kann im Text stehen?*

_____

_____

_____

3. *Lies nun den ganzen Text!*

Marken-Manie

Ein neues Problem erschreckt die Eltern – der Wunsch ihrer Kinder, in besonders teurer Kleidung herumzulaufen. Was die Clique sagt, tut und trägt – daran orientieren sich die Jugendlichen. Und immer weniger an der Meinung und am Geldbeutel der Eltern. Denn wer nicht die „richtigen" Schuhe, Hemden, Jeans und Uhren trägt, wird zum Außenseiter.

5 Zu seinem 15. Geburtstag wollte Dominik nichts anderes als ein Paar „New-balance"-Sportschuhe – für fast 400 Mark. Nach einigen elterlichen Protesten bekam er sie auch. Doch vier Wochen später bettelte er schon wieder: „Mama, ich brauche unbedingt einen Pullover von ‚Naf Naf'. Ich bin der Letzte in der Klasse, der noch keinen hat." Das kategorische „Nein!" seiner Mutter beantwortete er mit lautem Protest und wütendem Türenschmeißen.

10 Schon mancher Sechsjährige beginnt, beim Kleiderkauf auf Etiketten zu schauen. Zwischen dem 13. und 16. Lebensjahr erreicht der Wunsch nach teuren Klamotten seinen Höhepunkt. Mitunter führt er sogar bis zur Kriminalität: In Kaufhäusern und Boutiquen werden Markenartikel gestohlen wie nie, klagen die Geschäftsführer.

Andere Jugendliche bekommen ihre Markenkleidung durch Beraubung von Gleichaltrigen. „Jacken-
15 Abziehen" heißt das. Dabei wird der Jugendliche, der Designer-Kleidung trägt, mit Gewalt gezwungen, seine Sachen auszuziehen und herzugeben.

Nicht alle jungen Leute, die sich mal teure Jeans wünschen, sind deshalb gleich markenhörig. Sich schön zu machen war schon immer und in allen Kulturen etwas Natürliches und in gewisser Weise sogar Lebenswichtiges – es verbessert die Laune. Doch dieses elementare Bedürfnis ist in unserer Gesellschaft
20 übertrieben worden. Schuld daran sind die schönen, einschmeichelnden Bilder der Werbung. Auch erwachsene, aufgeklärte Menschen lassen sich davon beeinflussen.

Wie sollen sich da Kinder, die gerade erst beginnen, ihre Persönlichkeit zu festigen, gegen die Verführung wehren? Warum sollen sie nicht bei dem Spiel der Erwachsenen mitmachen, bei dem derjenige viel gilt, der viel hat. Auch wenn die eigenen Eltern dieses Spiel nicht mitmachen wollen oder können, ändert das
25 wenig an der Haltung des Kindes. Denn in dem Alter spielt die Meinung von Mutter und Vater eine immer geringere Rolle, die der gleichaltrigen Freunde eine immer größere.

Wollen die Eltern den teuren Markenartikel nicht kaufen, so bleiben dem Kind ja immer noch andere Möglichkeiten. Sie kosten Zeit und Mühe. Ab 13 Jahren darf ein Kind schon Geld verdienen – zum Beispiel als Balljunge auf dem Tennisplatz oder durch Austragen von Zeitungen. Es kann auch versuchen,
30 das begehrte Kleidungsstück billiger zu kaufen, indem es mit Freunden tauscht, nach Sonderverkäufen sucht, Anzeigen liest, auf Flohmärkten und in Secondhand Boutiquen wühlt.

Kinder ab etwa zehn Jahren können zum Taschengeld noch einen kleinen Betrag für Kleidung zur Verfügung gestellt bekommen und selbst entscheiden, was sie davon kaufen. Wenn das Geld nicht reicht, dann muss vom Taschengeld, vom Selbstverdienten oder vom Sparbuch etwas dazugenommen werden.
35 Wenn Kinder sehen, wie lange sie für ein neues Teil sparen müssen, fragen sie sich meistens selbst, ob es das denn wert ist.

4. *Welche deiner Vermutungen waren richtig?*

_____

_____

5. *Zu den folgenden Aufgaben gibt dir nur der Text die richtige Antwort. Lies also bei jeder Aufgabe im Text nach und frage dich: „Habe ich das im Text gelesen?" Kreuze dann die richtige Lösung an! Zu jeder Aufgabe gibt es nur **eine** richtige Lösung.*

1. Zeile 1 – 4

   a) Viele junge Leute wollen nur noch sehr teure Kleidung tragen.

   b) Die meisten Eltern sind dafür, dass ihre Kinder teure Kleidung tragen.

   c) Die Eltern erschrecken, weil ihre Kinder sich nur für die Clique und nicht für den Geldbeutel der Eltern interessieren.

2. Zeile 5 – 9

   a) Dominiks Eltern kaufen ihm nur teure Markenkleidung.

   b) Dominik möchte teure Markenkleidung, weil alle Mitschüler in seiner Klasse so etwas tragen.

   c) Die Mutter ist mit Dominiks Wünschen nicht einverstanden und kauft nie teure Markenkleidung.

3. Zeile 10 – 13

   a) Viele Jugendliche stehlen Markenartikel, wenn sie kein Geld dafür haben.

   b) Die Geschäftsführer von Kaufhäusern und Boutiquen sagen, dass nie gestohlen wird.

   c) Kinder in jedem Alter achten beim Einkauf auf Marken und Etiketten.

4. Zeile 14 – 16

   a) Manche jungen Leute mit Designer-Kleidung berauben andere Jugendliche.

   b) Wer teure Kleidung trägt, muss sie sicher unter Gewalt ausziehen und hergeben.

   c) Einige Jugendliche zwingen andere, ihnen ihre Designerkleidung zu geben.

5. Zeile 17 – 21

   a) Der Wunsch nach Schönheit war schon immer ein natürliches und auch elementares Bedürfnis.

   b) Die Werbung beeinflusst vor allem erwachsene, aufgeklärte Menschen.

   c) Alle jungen Leute kaufen sich teure Jeans, weil sie schön sein wollen.

6. Zeile 22 – 26

   a) Alle Leute glauben, dass derjenige viel gilt, der viel hat.

   b) Junge Leute lassen sich von ihren Freunden beeinflussen, obwohl die Eltern manchmal eine andere Meinung haben.

   c) Die Eltern können die Haltung des Kindes ändern.

7. Zeile 27 – 31

   a) Junge Leute sollen selbst arbeiten, um das Geld für ihre Kleidung zu verdienen.

   b) Auf Flohmärkten und in Secondhand Boutiquen kaufen junge Leute ein.

   c) Wenn die Eltern die teure Kleidung nicht kaufen, können die Kinder sich entweder selbst das Geld dafür verdienen oder die Kleidung irgendwo billiger kaufen.

8. Zeile 32 – 36

   a) Kinder ab etwa zehn Jahren sollten Kleidung nur vom Taschengeld, vom Selbstverdienten oder vom Sparbuch bezahlen.

   b) Wenn Kinder lange für ein teures Kleidungsstück sparen müssen, glauben sie, dass es viel wert ist.

   c) Kinder ab etwa zehn Jahren können eigenes Geld für den Kauf von Kleidung haben.

1. *Lies den Titel! Welches Thema hat der Text?*

Rauchen

2. *Was weißt du über das Thema? Vermute: Was kann im Text stehen?*

3. *Lies nun den ganzen Text!*

Rauchen

Die meisten Raucher erinnern sich an ihre erste Zigarette: im Wald, im Keller, auf einer Party oder gar auf dem Schulklo. Wahrscheinlich geschah es heimlich. Weil es verboten war und
5 weil sie noch zu jung waren. Geschmeckt hat die erste Zigarette sicher nicht.

Und den meisten ist es auch richtig schlecht gegangen. Denn der Körper hat eben noch richtig reagiert. Wenn sie sich ans Rauchen
10 gewöhnt haben, behaupten viele Raucher, dass ihnen die Zigarette (und vor allem „die eigene" Marke) schmeckt. Der Körper reagiert natürlich immer noch. Nur anders. Doch davon später mehr.

15 Jetzt wollen wir uns erst einmal damit beschäftigen, warum Menschen rauchen. Wenn junge Menschen mit dem Rauchen anfangen, haben sie sicher eine Menge Gründe: Rauchen – das ist so etwas wie eine Mutprobe, und es ist
20 etwas, das die Großen tun. Und schließlich will man ja nicht immer Kind sein.

Das Vorbild der Eltern ist sehr wichtig für die Einstellung bereits des kleinen Kindes. Denn schon ganz kleine Kinder imitieren das
25 Verhalten der Erwachsenen. In dieser Experimentierphase werden Bleistifte oder Stöckchen beim Spielen zur Zigarette.

Die erste richtige Zigarette probieren Jugendliche meistens mit 10, 11 oder 12 Jahren
30 im Kreis der Spiel- und Klassenkameraden. Aus Neugier, Experimentierfreude oder eben aus dem Wunsch heraus, es den Großen gleichzutun. Später dann, weil sie dazugehören und in ihrer Clique anerkannt sein wollen. In dieser
35 Anfangsphase ist es noch ein Engagement auf Probe. Die meisten lassen es dann wieder, aber viele rauchen weiter.

Die Entscheidung, ob jemand Raucher wird oder Nichtraucher bleibt, fällt im Allgemeinen im Alter von 14 bis 16 Jahren. Denn immer 40
häufiger ergeben sich nun Gelegenheiten zu rauchen: Mitschüler, ältere Bekannte, Familienangehörige oder Arbeitskollegen bieten schon mal Zigaretten an. Der soziale Druck der Freunde wirkt. 45

So schlittert mancher in die Gewöhnungsphase. Hat man erst einmal mit dem Anbieten von Zigaretten Erfolg in der Clique oder beim Flirt, kauft man immer wieder welche. Zigaretten scheinen nämlich geradezu ideal zu sein, um 50
mit jemandem ins Gespräch zu kommen.

Zigaretten sind auch geeignet, Zeit zum Nachdenken zu gewinnen oder sich nach einer Anstrengung auszuruhen. Sie bieten die Chance, Unsicherheit zu überspielen. So gelangen nicht 55
nur ängstliche, gestresste oder unsichere Jugendliche „Zug um Zug" zum regelmäßigen Zigarettenkonsum.

Auf einmal stellen Raucher fest, dass sie immer wieder eine Zigarette brauchen. In dieser Phase 60
– der Stabilisierungsphase – wird die Wirkung des Nikotins zunehmend wichtig. Zu Anfang erklären Raucher noch jedem Nichtraucher, dass sie jederzeit aufhören könnten, dass sie es aber gar nicht wollten. Jedenfalls jetzt nicht, hier 65
nicht und heute nicht. Außerdem würde ihnen die Zigarette schmecken.

Sie sind mehr oder weniger abhängig. Mit ihnen sind das Millionen von Rauchern. Ein schwacher Trost. Die Mehrheit aber raucht 70
nicht. Und viele haben vorher einmal geraucht. Es geht also. Es gibt eine Chance, mit dem Rauchen wieder aufzuhören. Wieder unabhängig zu werden.

4. *Welche deiner Vermutungen waren richtig?*

_____

_____

5. Zu den folgenden Aufgaben gibt dir nur der Text die richtige Antwort. Lies also bei jeder Aufgabe im Text nach und frage dich: „Habe ich das im Text gelesen?" Kreuze dann die richtige Lösung an! Zu jeder Aufgabe gibt es nur **eine** richtige Lösung.

1. Zeile 1 – 6

   a) Den meisten Rauchern hat die erste Zigarette geschmeckt.
   b) Die meisten Raucher haben ihre erste Zigarette im Wald, im Keller, auf einer Party oder auf dem Schulklo geraucht.
   c) Rauchen war verboten, weil es ungesund ist.

2. Zeile 7 – 14

   a) Zigaretten (und vor allem „die eigene" Marke) schmecken.
   b) Die meisten beginnen zu rauchen, weil es ihnen richtig schlecht geht.
   c) Wenn man sich ans Rauchen gewöhnt hat, reagiert der Körper anders.

3. Zeile 15 – 21

   a) Viele junge Menschen beginnen ohne Grund zu rauchen.
   b) Viele beginnen zu rauchen, weil die Großen das auch tun.
   c) Wir wissen sehr gut, warum Menschen rauchen.

4. Zeile 22 – 27

   a) Schon ganz kleine Kinder rauchen wie die Erwachsenen.
   b) Das Vorbild der Eltern ist wichtig für die Spiele von kleinen Kindern.
   c) Kleine Kinder benutzen Bleistifte oder Stöckchen beim Spielen als Zigarette.

5. Zeile 28 – 37

   a) Mit 10, 11 oder 12 Jahren rauchen einige Jugendliche zum ersten Mal.
   b) 12-Jährige rauchen manchmal zusammen mit ihren Spiel- und Klassenkameraden.
   c) Die meisten probieren Zigaretten und lassen das Rauchen dann wieder.

6. Zeile 38 – 45

   a) 14 – 16-Jährige haben immer häufiger Gelegenheit zu rauchen.
   b) Mitschüler, ältere Bekannte, Familienangehörige oder Arbeitskollegen sind schlechte Beispiele, weil sie Zigaretten rauchen.
   c) Im Alter von 14 bis 16 Jahren weiß man schon, ob man Raucher wird oder Nichtraucher bleibt.

7. Zeile 46 – 51

   a) Wer Zigaretten raucht, hat garantiert Erfolg in der Clique oder beim Flirt.
   b) Viele Jugendliche glauben, dass Zigaretten helfen, um mit jemandem ins Gespräch zu kommen.
   c) In der Gewöhnungsphase kauft man zum ersten Mal Zigaretten.

8. Zeile 52 – 58

   a) Zigaretten sind ein gutes Mittel, um Unsicherheit zu überspielen.
   b) Beim Ausruhen nach einer Anstrengung und nach dem Essen rauchen besonders viele Leute.
   c) Nur ängstliche, gestresste oder unsichere Jugendliche konsumieren regelmäßig Zigaretten.

9. Zeile 59 – 67

   a) In der Stabilisierungsphase können Raucher noch mit dem Rauchen aufhören.
   b) Raucher sagen, dass ihnen die Zigarette schmeckt.
   c) In der Stabilisierungsphase beginnt das Nikotin auf den Organismus zu wirken.

10. Zeile 68 – 74

   a) Millionen von Rauchern sind abhängig von Zigaretten.
   b) Die Mehrheit der Nichtraucher hat vorher einmal geraucht.
   c) Es ist sehr schwer, mit dem Rauchen wieder aufzuhören.

Teil C

Fortgeschrittenes Niveau

Engel im Untergrund

Sie nennen sich „Guardian Angels", Schutzengel. Sie patrouillieren freiwillig in der U-Bahn von Berlin.
Wo sie sind, haben Schläger und Verbrecher keine Chance.

Berlin, Samstagabend. Es ist 19.30 Uhr und schlechtes Wetter. An dem kleinen Brunnen neben dem
U-Bahnhof Kleistpark unterhält sich eine Gruppe junger Leute schon seit einer Viertelstunde, einige in
5   Springerstiefeln und militärisch aussehenden Hosen. Alle haben eine rote Mütze auf dem Kopf. Fast alle
tragen dazu eine leuchtendrote Windjacke, auf dem Rücken die Aufschrift „Guardian Angels – Safety
Patrol". Auf deutsch: Schutzengel – Sicherheitspatrouille.

Die freiwilligen Freizeitengel sind tagsüber Schüler oder Lehrlinge, Angestellte oder Gelegenheitsjobber.
Die nächsten Stunden werden die 18 jungen Männer und vier Frauen zwischen 16 und Anfang 30 in
10   Berlins U- und S-Bahnen umherfahren, auf Patrouille. „Gegen Gewalt – Gegen Rassismus – Gegen
Sexismus". So lautet ihr Auftrag, und sie zahlen die Monatskarte selbst, die sie brauchen, um ihn erfüllen
zu können.

Die Idee ist schon 15 Jahre alt und kommt aus New York. Der damals 22jährige Curtis Sliwa, genannt
Rock, Chef einer McDonald's-Filiale in der Bronx, fuhr täglich mit der berüchtigten U-Bahn-Linie 4 zur
15   Arbeit. „Räuber Express" hieß sie bei den New Yorkern, wegen der Räuberbanden und Gewalttäter, denen
die Passagiere in den Waggons meist wehrlos ausgeliefert waren. Sliwa wollte etwas dagegen tun;
gemeinsam mit 13 Jugendlichen aus der Bronx gründete er eine Gang für den Kampf gegen die Gewalt. Er
nannte sie Guardian Angels.

Natürlich erklärte man ihn anfangs für total verrückt. Aber er begeisterte seine Leute mit der Idee, wenigs-
20   tens eine Zeit lang im Leben etwas Sinnvolles zu tun, sich gegen die Aggression zu stellen, für sich und
andere Verantwortung zu übernehmen und Zivilcourage zu zeigen. Und zwar ohne Gewalt.

Das war ziemlich neu für Sliwas Straßenjungs. Deshalb trainierte er sie zuerst mal in Selbstdisziplin und
Selbstverteidigung. Seitdem muss, wer sich einer Gruppe der Guardian Angels anschließen will,
mindestens 72 Stunden Training und 64 Stunden Übungspatrouille absolviert haben.

25   Zehn Jahre später patrouillierten schon 350 Rotjacken in New Yorks 35 U-Bahnen, durch den Central Park
und in Straßen, deren Bewohner sich aus Angst vor Überfällen nicht mehr aus ihren Wohnungen trauten.
Inzwischen kommandiert „Rock" Sliwa ein Heer von 5 000 Schutzengeln in 80 Städten der Welt, darunter
London, Manchester, Stockholm, Malmö. Und seit Januar 1993 auch in Berlin. Hier patrouillieren sie
jeden Donnerstag, Freitag und Samstag von 20 Uhr bis Mitternacht durch die Straßen und U-Bahnen, wenn
30   der Rest der Stadt sich amüsiert.

Anchor, der eigentlich Silvio Parlanti heißt, ist der Chef der Berliner Schutzengel. Früher arbeitete er in
der Immobilienfirma seiner Mutter. Damit hörte er auf, als ihn die Europa-Zentrale der Angels zum
führenden Engel von Berlin machte.

Er lebt spartanisch, denn was er braucht, muss aus Spenden bezahlt werden. Jeder Pfennig, den sie
35 sammeln, geht für ihre Unkosten drauf, Büromiete, Telefon- und Faxrechnung müssen bezahlt werden.
Also schläft Anchor auf einer Matratze im Arbeitszimmer eines Freundes. Und zum Essen geht er
manchmal in eine nahegelegene Pizzeria: „Der Besitzer unterstützt uns. Da brauche ich nicht zu zahlen."

Es ist 20.00 Uhr. Am Kleistpark wird alles für die Patrouille kontrolliert. Sind alle ordentlich angezogen?
40 Schließlich sollen die Leute einen guten Eindruck von ihnen haben. Ist Erste-Hilfe-Material da? Angels
sind verpflichtet, zu helfen. Sind alle nüchtern? Wer Alkohol getrunken hat, kann gleich wieder nach
Hause gehen. Mitgebracht werden müssen: Personalausweis und Monatskarte für die U-Bahn. Nicht mitgebracht werden dürfen: Waffen aller Art wie zum Beispiel Taschenmesser.

Als die Patrouille auf dem U-Bahnsteig erscheint, blicken die Wartenden neugierig. Die Angels wünschen
45 jedem höflich „einen schönen guten Abend". Die Vierergruppen nehmen ihre Position ein: eine vorn auf
dem Bahnsteig, eine in der Mitte, eine hinten. Der Zug kommt. Die Truppe steigt ein und verteilt sich auf
die Wagen zum Gespräch mit den Fahrgästen – einerseits, um Ängstlichen die Furcht zu nehmen,
andererseits zum Zwecke der Eigenwerbung. Das schafft Verständnis und bringt laufend neue Mitglieder.

Guardian Angels sind beliebt bei den Fahrgästen: Wo sie auftauchen, passiert garantiert nichts, ein paar
50 Stationen lang darf man sich sicher fühlen. Das ist wohl die eigentliche Wirkung der Schutzengeltruppe.
Nur selten mussten Berliner Engel bisher bei Prügeleien eingreifen, einmal erst bei einer Messerstecherei.

Löse jetzt die Aufgaben zu dem Text.

*Zu den folgenden 12 Aufgaben gibt dir nur der Text die richtige Antwort! Lies also bei jeder Aufgabe
nochmals im Text nach und frage dich: „Habe ich das im Text gelesen?" Markiere dann den Buchstaben für
die richtige Antwort durch Ankreuzen! Zu jeder Aufgabe gibt es nur **eine** richtige Lösung.*

1. Zeile 1 – 2
    a) Die Schutzengel kommen aus Berlin.
    b) Die Schutzengel sind Schläger und Verbrecher.
    c) Die Schutzengel arbeiten bei der U-Bahn.
    d) Die Schutzengel sorgen in der Berliner U-Bahn für Sicherheit.

2. Zeile 3 – 7
    a) Am U-Bahnhof Kleistpark gibt es Militär.
    b) Fast alle Schutzengel tragen die gleiche Kleidung.
    c) Die Schutzengel treffen sich immer am Samstag um 19.30 Uhr.
    d) Ein paar junge Leute unterhalten sich schon eine Viertelstunde über das schlechte Wetter.

3. Zeile 8 – 12
    a) Junge Leute arbeiten in ihrer Freizeit bei den Schutzengeln.
    b) Ein paar junge Männer und Frauen arbeiten als Lehrlinge, als Angestellte oder als Gelegenheitsjobber
       in Berlins U- und S-Bahnen.
    c) Einige junge Leute bezahlen eine Monatskarte, weil sie gegen Gewalt, gegen Rassismus und gegen
       Sexismus sind.
    d) Junge Leute müssen bezahlen, damit sie vor Gewalt, Rassismus und Sexismus geschützt werden.

4. Zeile 13 – 18
    a) Die Idee hatte Curtis Sliwa, weil er einmal in der U-Bahn-Linie 4 von einer Räuberbande angegriffen
       wurde.
    b) Curtis Sliwa hat in New York eine McDonald's-Filiale eröffnet.
    c) Curtis Sliwa und 13 andere Jugendliche waren Räuber und Gewalttäter.
    d) Sliwa wollte gegen die Gewalt in der U-Bahn kämpfen.

68

5. Zeile 19 – 21

   a) Man glaubte, dass Sliwas Idee verrückt war. Deshalb wollte niemand mitmachen.

   b) Sliwa fand Helfer, obwohl man ihn anfangs für total verrückt hielt.

   c) Sliwas Helfer waren Leute, die im Leben immer etwas Sinnvolles taten und sich gegen die Aggression stellten.

   d) Ein paar junge Leute waren von Sliwas Idee begeistert, weil sie gegen Gewalt waren.

6. Zeile 22 – 24

   a) Sliwas Leute mussten trainieren, weil sie nur Büroarbeit kannten.

   b) Jeder Guardian Angel muss am Anfang Selbstdisziplin und Selbstverteidigung lernen.

   c) Nach 72 Stunden Training, 64 Stunden Übungspatrouille und einer Prüfung kann man Guardian Angel werden.

   d) Sliwa musste zuerst Selbstdisziplin und Selbstverteidigung trainieren.

7. Zeile 25 – 30

   a) 350 Schutzengel patrouillierten durch New York, damit die Bewohner aus Angst nicht mehr aus ihren Wohnungen gingen.

   b) In New York gibt es jetzt 5 000 Schutzengel.

   c) Die Schutzengel patrouillieren nur dann, wenn sich der Rest der Stadt amüsiert.

   d) Jetzt gibt es in zahlreichen Großstädten Schutzengel.

8. Zeile 31 – 33

   a) Früher hat Silvio Parlanti für die Europa-Zentrale der Schutzengel gearbeitet.

   b) Silvio Parlanti arbeitet jetzt nur noch für die Berliner Schutzengel.

   c) Die Europa-Zentrale machte Silvio Parlanti zum Chef der Berliner Schutzengel, weil er in einer Immobilienfirma arbeitete.

   d) Silvio Parlanti, der Chef der Berliner Schutzengel, kommt aus Italien.

9. Zeile 34 – 37

   a) Die Schutzengel haben nicht viel Geld.

   b) In Berlin werden die Schutzengel von vielen Leuten unterstützt.

   c) Die Schutzengel haben sehr hohe Ausgaben für Büromiete, Telefon- und Faxrechnung.

   d) Silvio Parlanti isst gern Pizza.

10. Zeile 38 – 42

    a) Heute patrouillieren die Schutzengel am Kleistpark.

    b) Sie müssen entweder den Personalausweis oder die Monatskarte für die U-Bahn mitbringen.

    c) Auf der Patrouille dürfen die Schutzengel weder Alkohol trinken noch Waffen tragen.

    d) Die Leute haben einen guten Eindruck von den Schutzengeln.

11. Zeile 43 – 47

    a) Die Schutzengel sprechen besonders gern mit den Fahrgästen.

    b) Ein paar Schutzengel haben Angst. Deshalb gehen sie in Gruppen.

    c) Nur vier Schutzengel steigen in den Zug ein.

    d) Die Patrouille ist sehr höflich.

12. Zeile 48 – 50

    a) Wenn die Schutzengel kommen, gibt es manchmal Prügeleien und Messerstechereien.

    b) Viele Leute mögen die Schutzengel, weil sie so nett sind.

    c) Die Fahrgäste fühlen sich sicher, wenn die Schutzengel da sind.

    d) Fahrgäste und Schutzengel fühlen sich sicher.

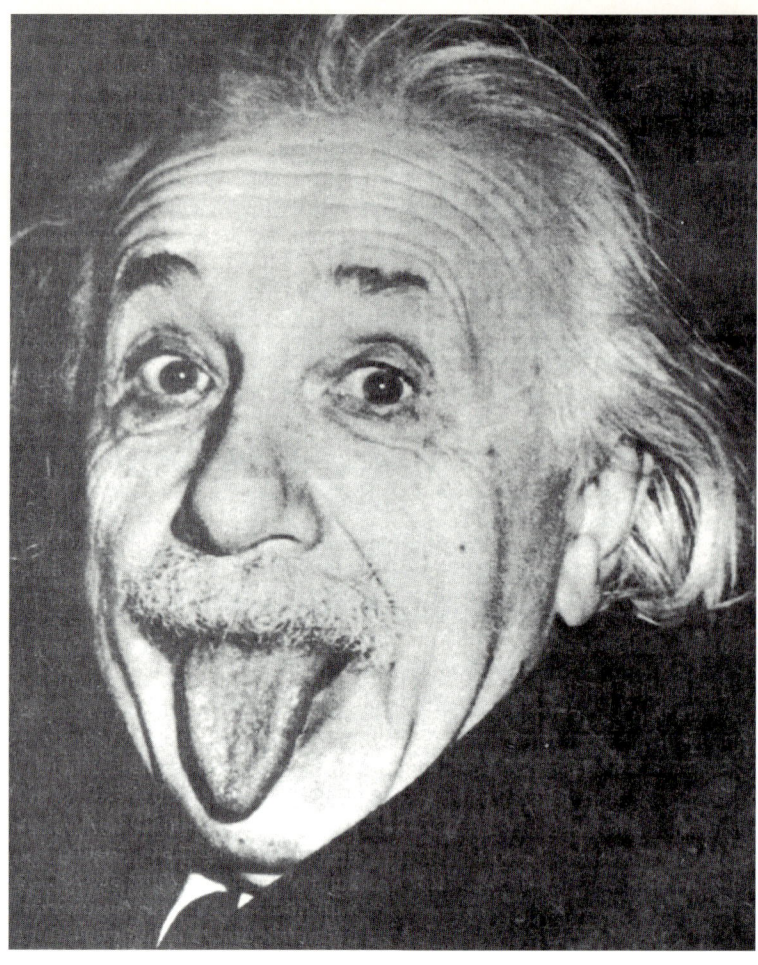

Albert Einstein: das „dumme" Genie

„Aus Albert Einstein kann nie etwas Richtiges werden", meinten seine Lehrer und Verwandten. Der Junge schien sich als Kind nur langsam zu entwickeln. Erst mit fünf Jahren begann er zu sprechen. In der Schule passte der junge Einstein nicht auf. Er war ein furchtbar schlechter Schüler. Es hagelte Eintragungen ins Klassenbuch: „Der Schüler Albert träumt", „Einstein ist faul und dumm", „ein hoffnungsloser Fall". Er
5   machte das Abitur nicht, sondern verließ die Schule vorzeitig.

Aus der Schule entlassen, weiß Albert Einstein aber nicht, was er nun tun soll. Er weiß nur, was er nicht will: beispielsweise im Elektrogeschäft seines Vaters arbeiten. Endlich entschließt er sich, an der Technischen Hochschule in Zürich Physik zu studieren. Denn dort wird man auch ohne Abitur aufgenommen, wenn man die Aufnahmeprüfung schafft. Zuerst fällt er durch. Aber beim zweiten Mal
10   besteht er die Prüfung.

1896 beginnt er dann sein Studium. Er schließt es vier Jahre später ab. Allerdings mit so schlechten Noten, dass er keine Assistentenstelle bekommt. Nach einigen Hungermonaten wird er kleiner Beamter im Schweizer Patentamt. Bis jetzt haben Lehrer und Verwandtschaft also Recht behalten: Aus Albert Einstein kann nichts Richtiges werden!

15   Er beschäftigt sich jedoch abends und am Wochenende weiterhin mit der Physik. Drei Jahre später veröffentlicht der gerade 26-Jährige seine sogenannte „Relativitätstheorie". Die 30 Seiten lange Schrift verursacht eine wissenschaftliche Veränderung des damaligen Weltbildes. Und das hat Albert Einstein nicht durch jahrelanges Forschen und Experimentieren geschafft, sondern allein durch Nachdenken. Er hat auch nicht viel studiert, sondern ist seinem Grundsatz gefolgt: „Phantasie ist wichtiger als Wissen".

20 Kern seiner sensationellen Idee: Zeit, Raum und Masse sind nicht unabhängig voneinander. Nein – sie gehören zusammen. Das war für seine Zeitgenossen nur schwer zu verstehen. Die Wissenschaftler waren zu der Zeit nämlich davon überzeugt, die Zeit sei eine ganz unabhängige Größe.

Heute können wir Einsteins Theorie beweisen. Zum Beispiel mit zwei Uhren. Eine Uhr bleibt auf dem Flughafen, während die andere Uhr in einem Flugzeug um die Welt fliegt. Kommt das Flugzeug 24
25 Stunden später wieder auf demselben Flughafen an, geht die Uhr im Flugzeug ein bisschen nach. Der Grund dafür ist, dass sich wegen ihrer eigenen Geschwindigkeit während des Fluges die Zeit für die Uhr im Flugzeug verlängert hat. Natürlich müssen die beiden Uhren supergenau sein, denn es handelt sich um Unterschiede von Bruchteilen von Sekunden. Heute ist Einsteins Theorie durch feinste Messinstrumente bewiesen: Im Raum gehen Uhren anders.

30 So einfach ist die Relativitätstheorie – und so schwer zu verstehen. Sogar wir, für die der Flug zum Mond schon etwas Selbstverständliches geworden ist, können sie heute noch nicht ganz verstehen. Wie aber musste Einsteins am Schreibtisch geborene, durch kein Experiment bewiesene Theorie erst im Jahre 1905 wirken? Die meisten Kollegen von Einstein, große Doktoren und Professoren, konnten seinen Gedanken zuerst auch nicht folgen.

35 Es dauerte Jahre, bis sich der geniale Außenseiter durchgesetzt hatte. Dann aber beeinflussten seine Gedanken so unterschiedliche wissenschaftliche Gebiete, wie die Raumforschung und die Physik, die Sternenkunde und die Naturwissenschaft. Der Denker Einstein trug entscheidend zur Entwicklung der Experimentalphysik und der Technik bei. Erst durch seine Gedanken wurde die Erfindung von den Maschinen möglich, mit denen die Physiker heute arbeiten.

40 Ihm selbst aber waren Maschinen aller Art zu kompliziert. Deshalb fuhr er nie Auto und schrieb lieber mit der Hand als auf der Schreibmaschine. Seine Abenteuer erlebte er am liebsten im Kopf und hier konnte er die meisten Probleme spielend lösen.

Einstein war wohl mehr ein Theoretiker als ein praxisbezogener Mensch. Nur so lässt sich erklären, dass er an der Entwicklung der Atombombe mitgearbeitet hat. 1932 verließ Einstein nämlich Deutschland, um in
45 den USA an der Universität von Princeton tätig zu werden. Gemeinsam mit anderen Wissenschaftlern stellte er dort Forschungen über die Atomenergie an.

Als er sich über die furchtbaren Auswirkungen der Atombombe klar wurde, verfasste er einen Brief an Roosevelt, den damaligen Präsidenten von Amerika. Er beschrieb die Wirkung der Bombe und sprach sich dagegen aus, sie im Krieg als Waffe einzusetzen. Doch Roosevelt starb, bevor er den Brief lesen konnte.
50 Später wurde dieser Brief geschlossen auf seinem Schreibtisch gefunden.

Vier Monate später fielen die Atombomben auf Hiroschima und Nagasaki. Die schrecklichen Folgen zeigten deutlich, wie gefährlich unkontrollierte wissenschaftliche Arbeit sein kann. Seitdem setzte sich Albert Einstein für den Frieden ein. Immer wieder forderte er die Einrichtung einer Weltregierung, die den Frieden sichern und alle politischen Streitigkeiten schlichten könnte.

55 Als einer der bedeutendsten Wissenschaftler unseres Jahrhunderts hat er zahlreiche Arbeiten geschrieben. 1921 erhielt er sogar für die „Quantentheorie" den Nobelpreis für Physik. Da war die Einschätzung von Verwandten und Lehrern wohl falsch. Aus Albert Einstein ist doch noch etwas Richtiges geworden – nämlich ein Jahrhundertgenie.

Löse jetzt die Aufgaben zu dem Text.

Zu den folgenden 15 Aufgaben gibt dir nur der Text die richtige Antwort! Lies also bei jeder Aufgabe nochmals im Text nach und frage dich: „Habe ich das im Text gelesen?" Markiere dann den Buchstaben für die richtige Antwort durch Ankreuzen! Zu jeder Aufgabe gibt es nur eine richtige Lösung.

1. Zeile 1 – 5

   a) Alberts Lehrer und Verwandte erkannten schon früh, dass das Kind sehr intelligent war.

   b) Obwohl Einstein in der Schule nicht aufpasste, bekam er gute Noten.

   c) Albert Einstein lernte erst sehr spät sprechen.

   d) Einstein langweilte sich furchtbar in der Schule.

2. Zeile 6 – 10

   a) Sofort nach der Schule begann Einstein sein Studium in Zürich.

   b) Albert Einstein hatte keine Lust, im Elektrogeschäft seines Vaters zu arbeiten.

   c) An der Universität Zürich studieren nur Leute, die kein Abitur haben.

   d) Albert Einstein studierte an der Technischen Hochschule, denn er interessierte sich für Physik.

3. Zeile 11 – 14

   a) 1896 hat Einstein sein Studium beendet.

   b) Einstein hat sein Studium nicht beendet, weil er zu schlechte Noten hatte.

   c) Lehrer und Verwandte haben Einstein richtig eingeschätzt.

   d) Einstein hatte Schwierigkeiten, nach dem Studium eine Stelle zu finden.

4. Zeile 15 – 17

   a) Die Relativitätstheorie hat die Welt verändert.

   b) Einstein konnte sich während seiner Arbeit viel mit Physik beschäftigen.

   c) Albert Einstein war erst 26 Jahre alt, als er die Relativitätstheorie veröffentlichte.

   d) 3 Jahre lang hat Einstein an der Relativitätstheorie gearbeitet.

5. Zeile 17 – 19

   a) Einstein hat in der Universität nicht viel gelernt.

   b) Einstein hat nie geforscht und experimentiert.

   c) Forschen, Experimentieren und Nachdenken sind das Wichtigste in der Wissenschaft.

   d) Für Einstein war Phantasie bei wissenschaftlicher Arbeit sehr bedeutend.

6. Zeile 20 – 22

   a) Zeit, Raum und Masse sind physikalische Größen, die voneinander abhängen.

   b) In Wirklichkeit ist die Zeit eine ganz unabhängige Größe.

   c) Die Wissenschaftler verstanden Einsteins Theorie damals sofort.

   d) Auch andere Wissenschaftler hatten schon dieselbe Idee wie Einstein gehabt.

7. Zeile 23 – 25

   a) Nach einem Flug um die Welt zeigt die Uhr im Flugzeug eine andere Zeit als die Uhr auf der Erde.

   b) Mit einer Uhr ist Einsteins Theorie zu beweisen.

   c) Wenn eine Uhr 24 Stunden um die Welt fliegt, geht sie eine Stunde nach.

   d) Ohne Flugzeug kann man Einsteins Theorie nicht beweisen.

8. Zeile 26 – 29

   a) Mit zwei normalen Uhren hat man Einsteins Theorie bewiesen.

   b) Die Geschwindigkeit der Uhr während des Fluges verändert die Zeit für sie nicht.

   c) Nur feinste Messinstrumente können die kleinen Zeitunterschiede zeigen.

   d) Im Raum gehen Uhren schneller.

9. Zeile 30 – 34

   a) Für uns ist Einsteins Theorie sehr einfach.

   b) 1905 hat Einstein seine Theorie durch ein Experiment bewiesen.

   c) Große Doktoren und Professoren verstanden Einsteins Gedanken am Anfang nicht.

   d) Sowohl die Relativitätstheorie als auch der Flug zum Mond sind für uns schon etwas Selbstverständliches geworden.

10. Zeile 35 – 39

    a) Einsteins Gedanken hatten Auswirkungen auf verschiedene wissenschaftliche Gebiete.

    b) Einstein setzte sich sehr schnell durch.

    c) Raumforschung, Physik, Sternenkunde und Naturwissenschaft haben Einsteins Gedanken beeinflusst.

    d) Einstein entwickelte viele Maschinen, mit denen die Physiker heute arbeiten.

11. Zeile 40 – 42

    a) Einstein besaß keine Schreibmaschine, deshalb musste er alles mit der Hand schreiben.

    b) Einstein hatte Angst vor Autos.

    c) Alle Probleme löste Einstein nur durch Nachdenken.

    d) Einstein benutzte überhaupt nicht gern Maschinen.

12. Zeile 43 – 46

    a) Einstein war sowohl ein Theoretiker als auch ein praxisbezogener Mensch.

    b) In den USA arbeitete Einstein an der Entwicklung der Atombombe mit.

    c) 1932 verließ Einstein Deutschland, weil er in den USA die Atomenergie erforschen wollte.

    d) Einstein war Direktor der Universität von Princeton.

13. Zeile 47 – 50

    a) Einstein riet Roosevelt in einem Brief, die Atombombe im Krieg als Waffe einzusetzen.

    b) Die Atombombe hatte in Amerika schreckliche Auswirkungen.

    c) Roosevelt hat den Brief von Einstein nie gelesen.

    d) Einstein wusste schon zu Beginn der Forschungen über die Auswirkungen der Atombombe Bescheid.

14. Zeile 51 – 54

    a) Wissenschaftliche Arbeit ist eine Gefahr für den Frieden.

    b) In Hiroschima und Nagasaki hatten die Atombomben schreckliche Folgen.

    c) Eine Weltregierung hat die Aufgabe, den Frieden zu sichern und politische Streitigkeiten zu schlichten.

    d) Sein Leben lang hat Albert Einstein sich für den Frieden eingesetzt.

15. Zeile 55 – 58

    a) Den ersten Nobelpreis für Physik hat Albert Einstein bekommen.

    b) Für seine zahlreichen Arbeiten erhielt Einstein den Nobelpreis.

    c) Aus Albert Einstein ist etwas Richtiges geworden, wie seine Lehrer und Verwandten erwartet hatten.

    d) Albert Einstein war ein großer Wissenschaftler unseres Jahrhunderts.

Hypnose statt Narkose

Angst vor dem Zahnarzt? Hast du im Wartezimmer schon schweißnasse Hände und Herzklopfen? Fast jeder hat das schon erlebt. Das Geräusch des Bohrers, der Zahnarzt in seinem weißen Kittel und der Geruch nach Desinfektionsmittel bringen sogar die Mutigsten aus der Ruhe.

5 Der Stuttgarter Zahnarzt Dr. Albrecht Schmierer kennt solche Patienten nicht. Bei ihm wird ohne Spritze gebohrt, und trotzdem hat niemand Angst oder Schmerzen. Die Patienten träumen von sonnigen Stränden, wenn der Arzt an ihren Zähnen arbeitet.

Hypnose statt Narkose – diesen neuen Trend gibt es in deutschen Zahnarztpraxen. Und nicht nur dort: Auch in der Geburtshilfe und bei der Behandlung von Brandwunden wird Hypnose als alternative Schmerzbetäubung angewendet.

10 Beim Zahnarzt hören die Patienten schon im Wartezimmer eine Kassette mit Entspannungsmusik, damit sie ruhig und locker werden. Im Behandlungszimmer hypnotisiert der Mediziner, der eine psychologische Zusatzausbildung haben muss, seine Patienten dann mit stereotypen Sätzen: „Dein Körper wird immer müder, nur der Kopf bleibt wach. Außer meiner Stimme wird jetzt alles unwichtig!" Und diese Stimme suggeriert dem Patienten, beim Geräusch des Bohrers an exotische Vögel zu denken, beim Sauger ans 15 Rauschen des Windes.

Es klingt unglaublich, aber es funktioniert. Hypnose als Schmerzbetäubung ist eine absolut seriöse Methode, wenn sie von einem Spezialisten für Hypnose durchgeführt wird. Besonders für Menschen, die panische Angst vor dem Zahnarzt haben oder Spritzen nicht vertragen, ist medizinische Hypnose eine willkommene Lösung.

20 Allerdings muss man mehr Zeit einplanen, wenn man sich beim Zahnarzt hypnotisieren lassen will. In einem Vorgespräch wird der Patient ausführlich über die Hypnose informiert. Der Arzt muss feststellen, ob sie für den Patienten medizinisch und psychologisch wirklich die beste Methode ist. Selbstvertrauen, Konzentrationsfähigkeit und Phantasie sind entscheidende Voraussetzungen.

Löse jetzt die Aufgaben zu Text A!

*Zu den folgenden 6 Aufgaben gibt dir nur der Text die richtige Antwort! Lies also bei jeder Aufgabe nochmals im Text nach und frage dich: „Habe ich das im Text gelesen?" Markiere dann den Buchstaben für die richtige Antwort durch Ankreuzen! Zu jeder Aufgabe gibt es nur **eine** richtige Lösung.*

1. Zeile 1 – 3

   a) Fast jeder ist schon einmal zum Zahnarzt gegangen.

   b) Fast alle Menschen haben Angst vor dem Zahnarzt.

   c) Jeder Zahnarzt trägt einen weißen Kittel.

   d) Das Geräusch des Bohrers, der Zahnarzt in seinem weißen Kittel und der Geruch nach Desinfektionsmittel beruhigen die Patienten.

2. Zeile 4 – 6

   a) Dr. Albrecht Schmierer hat keine Patienten.

   b) In der Praxis von Dr. Albrecht Schmierer gibt es viele Fotos von sonnigen Stränden.

   c) Die Patienten von Dr. Albrecht Schmierer haben keine Angst und keine Schmerzen.

   d) Der Stuttgarter Zahnarzt nimmt nur Patienten, die keine Angst haben.

3. Zeile 7 – 9

   a) Hypnose ist eine alternative Methode zur Schmerzbetäubung.

   b) In deutschen Zahnarztpraxen wird überhaupt nicht mehr mit Narkose gearbeitet.

   c) Bis jetzt wird nur beim Zahnarzt Hypnose angewendet.

   d) Bei der Geburtshilfe und in der Behandlung von Brandwunden wendet man andere alternative Methoden zur Schmerzbetäubung an.

4. Zeile 10 – 15

   a) Ein Psychologe hypnotisiert die Patienten des Zahnarztes.

   b) Eine Kassette mit Entspannungsmusik hypnotisiert die Patienten schon im Wartezimmer.

   c) Bei der Hypnose werden der Körper und der Kopf immer müder.

   d) Nur Zahnärzte mit psychologischer Zusatzausbildung dürfen Patienten hypnotisieren.

5. Zeile 16 – 19

   a) Hypnose ist eine seriöse Methode, die von jedem Zahnarzt angewendet werden kann.

   b) Hypnose ist nicht nur für die Menschen geeignet, die panische Angst vor dem Zahnarzt haben.

   c) Viele Leute glauben nicht, dass die Methode funktioniert.

   d) Nur ganz wenige Spezialisten können Hypnose als Schmerzbetäubung anwenden.

6. Zeile 20 – 23

   a) Für den Arzt und die Patienten ist die Hypnose die beste Methode.

   b) Selbstvertrauen, Konzentrationsfähigkeit und Phantasie muss ein Zahnarzt besitzen, damit er seine Patienten hypnotisieren kann.

   c) Der Arztbesuch dauert länger, wenn man sich hypnotisieren lassen will.

   d) Vor der Hypnose muss der Arzt den Patienten untersuchen.

Angst unerwünscht

Ein Zweijähriger, der nicht einmal, wenn der Vater bei ihm ist, ohne Mama bleiben will. Ein Zwölfjähriger, der nicht ohne Licht im Zimmer schlafen kann. Das sind typische Angsthasen und solche Fälle sind nicht selten. Angst zu haben steht – nicht nur in unserer Kultur – in schlechtem Ruf. Angst ist etwas Negatives.

5   Dabei wird bei einigem Nachdenken schnell klar, dass Angst in Wahrheit eine sehr wichtige Funktion in unserem Leben hat. Denn Angst ist die Mutter der Vorsicht und ohne Vorsicht kann man auf Dauer nicht überleben. „Wer sich vor nichts fürchtet", sagen auch Psychologen, „wird vielleicht ein berühmter Held, aber er wird sicher nicht alt. Denn er begibt sich immer wieder in gefährliche Situationen."

Die Fähigkeit, Angst zu entwickeln, ist zweifellos angeboren. Es gibt ein paar Formen der Angst, die bei allen Kindern im ersten Lebensjahr auftauchen. Die Angst, von der Mutter getrennt zu werden, und die
10   Angst vor Fremden gehören dazu. Auch die Angst vor einem Abgrund, in den man fallen könnte, gibt es schon bei Babys, wie man aus Untersuchungen weiß.

Die meisten Ängste entstehen jedoch aus Erfahrungen. Es sind vor allem unerwartete, überraschende Ereignisse, die kleine Kinder erschrecken. Laute Geräusche, wenn sie von hinten kommen, oder plötzlicher Schmerz führen besonders leicht zu heftigen Reaktionen. Das Kind erinnert sich später daran, und das
15   erzeugt Angst vor ähnlichen Situationen.

Eine besonders wichtige Frage ist die, woher denn die großen individuellen Unterschiede kommen. Denn während manche Kinder kaum Angst haben, neigen andere dazu, sich vor allen Dingen zu fürchten. Einige Kinderärzte glauben, dass ängstliche Kinder einfach mehr mögliche Gefahren voraussehen und mehr Phantasie haben, sich vorzustellen, was alles passieren könnte.

20   Viele Ängste werden von den Eltern an ihr Kind weitergegeben. Nehmen wir an, die Mutter hat Angst davor, mit fremden Menschen im Aufzug zu fahren. Sie steht immer still in der Ecke, spricht nie ein Wort, vielleicht beschleunigt sich ihr Puls, sie atmet schneller. Dann ist es sehr wahrscheinlich, dass ihr Kind diese Situation später als gefährlich ansieht.

Dass Angst ein fundamentales Gefühl ist, wird wohl an einem ganz paradoxen Beispiel am deutlichsten.
25 Besonders manche jungen Menschen finden es ausgesprochen interessant, sich bewusst dem Gefühl der Angst auszusetzen. Sie klettern auf hohe Berge, springen, nur an einem Gummiband hängend, von hohen Brücken oder Gebäuden. Und sie zahlen sogar Eintritt dafür, im Kino Horrorfilme zu sehen.

Warum tun sie das? Es gibt dafür wohl einige Gründe. Zum einen, weil Angst offenbar ein wunderbares Mittel gegen Langeweile ist. Und die ist für viele Leute, vor allem für Jugendliche, noch schwerer zu
30 ertragen als Angst. Bei Angst verändert sich nämlich im Körper einiges: Der Adrenalinspiegel steigt und das erhöht Puls und Blutdruck. „Man fühlt sich einfach anders", sagen junge Leute, die mit ihrem Motorrad in halsbrecherischer Geschwindigkeit um die Kurven fahren.

Aber es gibt noch andere Gründe. Mindestens ebenso wichtig wie das Gefühl der Gefahr ist das Bewusst-
sein, eine schwierige Situation gemeistert zu haben, die Angst überwunden zu haben. Das bringt Ruhe und
35 Zufriedenheit. Deshalb sollen Kinder ja nicht ohne Angst aufwachsen. Sie sollen vielmehr lernen, dass es möglich ist, Gefahren zu bestehen und Ängste zu überwinden.

Löse jetzt die Aufgaben zu Text B! *(9 Aufgaben)*

7. Zeile 1 – 3

   a) Zwölfjährige Kinder, die nicht allein schlafen können, sind typische Angsthasen.

   b) Angst ist in unserer Kultur nichts Schlechtes.

   c) Es gibt Kinder, die immer bei ihrer Mutter sein wollen.

   d) Nur wenige Kinder sind richtige Angsthasen.

8. Zeile 4 – 7

   a) Berühmte Helden fürchten sich vor nichts.

   b) Wenn man sich in gefährliche Situationen begibt, hat man Angst.

   c) Wer Angst hat, der ist in vielen Situationen vorsichtiger.

   d) Viele Leute meinen, dass Angst in unserem Leben nichts nützt.

9. Zeile 8 – 11

   a) Schon Babys haben Angst vor der Trennung von ihrer Mutter.

   b) Die meisten Kinder haben nur im ersten Lebensjahr besonders große Angst.

   c) Angst entsteht bei Kindern erst, wenn sie ein Jahr alt sind.

   d) Viele Mütter fürchten, dass ihr Baby in einen Abgrund fallen könnte.

10. Zeile 12 – 15

    a) Kleine Kinder freuen sich nicht über Überraschungen.

    b) Laute Geräusche von hinten und plötzlicher Schmerz erschrecken kleine Kinder besonders.

    c) Ärzte wissen aus Erfahrung, dass manche Kinder leicht erschrecken.

    d) Kinder haben Angst in neuen Situationen, die ihnen unbekannt sind.

11. Zeile 16 – 19

    a) Manche Kinder haben vor nichts Angst.

    b) Es gibt sehr große Unterschiede zwischen den Kindern.

    c) Einige Kinderärzte glauben, dass Kinder ängstlicher als Erwachsene sind.

    d) Nur phantasievolle Kinder können sich mögliche Gefahren vorstellen.

12. Zeile 20 – 23

a) Die Kinder fürchten sich mit Sicherheit vor denselben Situationen wie ihre Eltern.

b) Viele Mütter haben Angst davor, mit fremden Menschen im Aufzug zu fahren.

c) Wenn die Mutter immer still in der Ecke steht und nie ein Wort spricht, fürchten sich die Kinder.

d) Welche Situationen das Kind als gefährlich ansieht, hängt oft vom Verhalten der Eltern ab.

13. Zeile 24 – 27

a) Junge Menschen klettern gern auf hohe Berge oder springen von hohen Brücken oder Gebäuden.

b) Es gibt eine interessante Sportart, bei der man, nur an einem Gummiband hängend, von hohen Brücken oder Gebäuden springt.

c) Einigen Menschen gefällt es, Angst zu fühlen.

d) Manche Leute geben viel Geld dafür aus, im Kino Horrorfilme zu sehen.

14. Zeile 28 – 32

a) Viele junge Leute haben lieber Angst als Langeweile.

b) Bei Angst fühlen sich viele Leute schlecht, weil sich im Körper einiges verändert.

c) Besonders junge Leute fahren gern in halsbrecherischer Geschwindigkeit Motorrad.

d) Angst ist nur eins von vielen Mitteln, die gegen Langeweile helfen.

15. Zeile 33 – 36

a) Für Kinder ist es am besten, wenn sie ohne Angst leben.

b) Es ist ein schönes Gefühl, wenn man eine schwierige Situation gemeistert hat.

c) Kinder sollen lernen, was man bei Gefahr tun muss.

d) Man kann nur dann ruhig und zufrieden sein, wenn man keine Schwierigkeiten hat.

Hauptsache: weg

Die Zeit nach der Flucht hatte sich Kathrin, 16, schon vorgestellt: ausgehen, moderne Klamotten tragen, Freunde haben, wie andere Mädchen auch. „Ich war mir sicher, dass ich sofort eine eigene Wohnung bekommen und ein super Leben führen würde. Und ich habe gedacht, dass mir meine Eltern total egal sind. Aber dann hat alles ganz anders ausgesehen."

5 Ihr Vater ist Türke, ihre Mutter Deutsche. Sie ist streng nach den Regeln des Islam erzogen. Das heißt: Gehorsam. Sie muss also tun, was ihr Vater sagt. Gestritten hat sie mit ihrem Vater nie. Dazu hat sie zu viel Angst vor ihm gehabt.

Kathrin beginnt, ein Doppelleben zu führen, flieht vor den Eltern in eine Welt aus Tagträumen, Büchern und Musik. Irgendwann hilft das auch nicht mehr. Täglich sieht sie sich mit Wutanfällen, dann wieder mit
10 überraschenden Liebesbeweisen des Vaters konfrontiert. Ausgehen darf sie nicht. Sie darf die Wohnung nur verlassen, um den Müll runterzubringen und um zur Schule zu gehen.

Weil die Mutter nicht helfen kann, trifft Kathrin ihre erste eigene Entscheidung: Sie wählt die Telefonnummer der IMA, der Initiative Münchner Mädchenarbeit, die ihr eine Freundin gegeben hat. Und sie fragt, ob sie dort Hilfe finden kann.

15 Drei solcher Zufluchtsstellen gibt es allein in München. Sie bieten psychisch überlasteten Jugendlichen Asyl – und sei es auch nur für ein paar Tage, um Klarheit darüber zu gewinnen, wie es nun weitergehen soll. Hier können Jugendliche in Ruhe darüber nachdenken, ob die Entscheidung, von zu Hause wegzulaufen, richtig war.

Innerhalb von 24 Stunden müssen die Eltern informiert werden, dass ihr Kind hier ist. Sind sie nicht
20 einverstanden, schaltet sich das Vormundschaftsgericht ein. Wenn dem Jugendlichen zu Hause Gewalt droht, kann es entscheiden, den Jugendlichen auch gegen den Willen der Eltern aufzunehmen.

Bei Kathrin war es nur eine Kleinigkeit, die die Flucht ausgelöst hat. Zum hundertsten Mal schlägt ihr Vater sie. Am Abend, als die Eltern auf der Arbeit sind, läuft sie, die Taschen voller Kleider, weg. Ihrem kleinen Bruder sagt sie, dass sie nur schnell mal Spagetti kaufen will.

25 Weil sie noch nie mit der U-Bahn gefahren ist, geht sie zu Fuß bis nach Pasing. Um drei Uhr nachts kommt sie im Mädchenhaus der Zufluchtsstelle an. Vom Laufen tun ihre Füße furchtbar weh, aber sie fühlt sich sehr erleichtert. Gleichzeitig hat sie wahnsinnige Angst, weil sie etwas Verbotenes getan hat. Sie fürchtet, dass ihr Vater sie wieder finden könnte.

Heute weiß Kathrin, dass sie Glück gehabt hat. Sie kennt die Geschichten von Ausreißern, die irgendwo
30 auf der Straße landen, die falschen Leute kennen lernen, kriminell werden. Sie hat auch schon von ein paar anderen Jugendlichen gehört, die wegen „ausgeprägter Weglaufsymptomatik" in eine psychiatrische Klinik gebracht wurden.

Seit zwei Jahren wohnt sie zusammen mit drei anderen Ausreißerinnen in einer Wohngemeinschaft für Münchner „Familienflüchtlinge". Dort hat jedes Mädchen ihr eigenes Zimmer. Einkaufen, Abwaschen,
35 Saubermachen teilen sie sich. Sie lernen dort, ein normales Leben zu führen. Ohne Angst, ohne Schläge, ohne Drohungen.

Kathrin genießt es nun, auszusprechen, was sie denkt. Sie hat in der Wohngemeinschaft auch gelernt, richtig zu diskutieren. Hier hören ihr die anderen zu, zeigen ihr aber auch, wie weit sie gehen kann. Nach vielen Gesprächen mit ihrer Therapeutin hat sie erkannt, wo ihr Problem liegt. Sie weiß nun, dass sie sich
40 von niemandem benutzen lassen darf, wie es ihr Vater mit ihr machte.

Inzwischen bekommt Kathrin von ihren Eltern eine Menge Liebesbriefe und Geschenkkörbe. Doch gewöhnlich sind die Versprechen der Eltern, alles werde anders und gut, mit Skepsis zu beurteilen, meint eine der Psychologinnen aus dem Mädchenheim in München-Pasing. Die Familien der Mädchen haben nämlich meistens große Probleme und müssten eine Familientherapie besuchen.

45 Will ein Mädchen wirklich wieder nach Hause, werden die Eltern vor der Rückkehr zu einem Gespräch eingeladen. Häufig handelt man mit ihnen schriftliche Vereinbarungen aus. Darin regelt man, dass die Eltern das Kind nicht mehr schlagen dürfen, wie viel Ausgang es hat, dass es einen eigenen Wohnungs-schlüssel bekommt.

Der Entschluss, von zu Hause auszureißen, tut Kathrin nicht Leid. Nur ein furchtbar schlechtes Gewissen
50 hat sie manchmal. Denn sie weiß, dass ihre Mutter sie liebt. Auch heute noch packen Kathrin Schuldgefühle, wenn ihre Mutter sie am Telefon bittet, nach Hause zu kommen, und sie dann merkt, dass es ihrer Mutter ziemlich schlecht geht.

Kathrin denkt oft an ihre Familie. Ihre Gedanken sind jetzt nicht mehr so traurig, so stark von Wut und Hass erfüllt. Manchmal gibt es jetzt Momente, da sagt sie: „Wärme gab es zwar nie bei uns zu Hause, aber
55 ich habe immer noch die Hoffnung, dass sich meine Eltern vielleicht geändert haben, dass es noch schön sein könnte bei uns. Ich gebe den Traum einfach nicht auf."

Löse jetzt die Aufgaben zu dem Text.

*Zu den folgenden 15 Aufgaben gibt dir nur der Text die richtige Antwort! Lies also bei jeder Aufgabe nochmals im Text nach und frage dich: „Habe ich das im Text gelesen?" Markiere dann den Buchstaben für die richtige Antwort durch Ankreuzen! Zu jeder Aufgabe gibt es nur **eine** richtige Lösung.*

1. Zeile 1 – 4

   a) Kathrin hat sofort eine eigene Wohnung bekommen und ein super Leben geführt.

   b) Kathrins Eltern ist es egal, was für ein Leben Kathrin führt.

   c) Nach der Flucht war Kathrins Leben ganz anders.

   d) Kathrin wollte nach der Flucht ausgehen, moderne Klamotten tragen und Freunde haben.

2. Zeile 5 – 7

   a) Kathrin liebt ihren Vater nicht, weil sie zu viel Angst vor ihm hat.

   b) Die Eltern von Kathrin sind Ausländer.

   c) Sehr oft hat Kathrin Streit mit ihrem Vater, weil sie immer tun soll, was er sagt.

   d) Der Islam schreibt vor, dass Kinder tun müssen, was ihr Vater sagt.

3. Zeile 8 – 11

   a) Der Vater lässt Kathrin nicht ausgehen, weil er sie zu sehr liebt.

   b) Kathrins Hobby sind Bücher und Musik.

   c) Kathrin versucht, durch Tagträume, Bücher und Musik ihre Probleme mit den Eltern zu vergessen.

   d) Kathrin gefällt es nicht, wenn sie den Müll runterbringen und zur Schule gehen muss.

4. Zeile 12 – 14

   a) Kathrin bittet die Initiative Münchner Mädchenarbeit um Hilfe.

   b) Die Mutter gibt Kathrin den Rat, die Telefonnummer der IMA zu wählen.

   c) Kathrin fragt, ob ihre Freundin Hilfe bei der IMA finden kann.

   d) Die Mutter weiß nicht, welche Entscheidung Kathrin am besten treffen soll.

5. Zeile 15 – 18

   a) Die Jugendlichen dürfen nur ein paar Tage in der Zufluchtsstelle bleiben.

   b) Psychisch überlastete Jugendliche können in Zufluchtsstellen Asyl finden.

   c) Psychologen sagen den Jugendlichen, wie es nun weitergehen soll.

   d) Ärzte diskutieren mit den Jugendlichen darüber, ob es richtig war, von zu Hause wegzulaufen.

6. Zeile 19 – 21

   a) Wenn die Eltern nicht einverstanden sind, muss der Jugendliche nach Hause zurückgehen.

   b) In einigen Fällen darf der Jugendliche auch gegen den Willen der Eltern in der Zufluchtsstelle bleiben.

   c) Die Kinder müssen ihre Eltern innerhalb von 24 Stunden anrufen.

   d) Wenn Jugendlichen Gewalt droht, werden sie gegen den Willen der Eltern von zu Hause weggenommen.

7. Zeile 22 – 24

   a) Kathrin hatte keinen Grund zur Flucht.

   b) Kathrin ist von zu Hause weggegangen, weil sie schnell mal Spagetti kaufen wollte.

   c) Am Abend ist Kathrin weggelaufen, ohne etwas mitzunehmen.

   d) Der Vater hat Kathrin immer wieder geschlagen.

8. Zeile 25 – 28

   a) Kathrin musste zu Fuß gehen, denn es war schon drei Uhr nachts.

   b) Kathrin hat große Angst vor ihrem Vater.

   c) Sie kommt erst um drei Uhr nachts nach Hause und das ist verboten.

   d) Kathrin fühlt sich schlecht, weil ihre Füße furchtbar wehtun.

9. Zeile 29 – 32

   a) Manche Jugendliche werden kriminell, wenn sie von zu Hause weglaufen.

   b) Jugendliche, die von zu Hause weglaufen, werden in eine psychiatrische Klinik gebracht.

   c) Kathrin hat bis jetzt viel Glück in ihrem Leben gehabt.

   d) Kathrin liest gern Geschichten von jungen Ausreißern.

10. Zeile 33 – 36

   a) Jedes der jungen Mädchen muss einen Teil der Hausarbeit machen.

   b) Kathrin lernt jetzt in einer Schule, ein normales Leben zu führen.

   c) Jetzt teilt sich Kathrin mit drei anderen Ausreißerinnen ein Zimmer in einer Wohngemeinschaft.

   d) Seit zwei Jahren gibt es die Wohngemeinschaft für Münchner „Familienflüchtlinge".

11. Zeile 37 – 40

   a) Gespräche mit einer Therapeutin haben Kathrin geholfen, alle ihre Probleme zu lösen.

   b) Kathrin weiß nun, dass sie nicht so wie ihr Vater leben will.

   c) Die Mädchen in der Wohngemeinschaft diskutieren sehr viel.

   d) In der Wohngemeinschaft kann Kathrin offen ihre Meinung sagen.

12. Zeile 41 – 44

   a) Die Eltern schicken Kathrin nun viele Briefe und Geschenke.

   b) Eine Psychologin aus dem Mädchenheim organisiert Familientherapien für Familien mit großen Problemen.

   c) Die Mehrheit aller Familien in Deutschland hat große Probleme und müsste eine Familientherapie besuchen.

   d) Kathrins Eltern haben versprochen, dass alles anders und gut wird.

13. Zeile 45 – 48

   a) Die Mädchen dürfen nur dann nach Hause zurückgehen, wenn die Eltern damit einverstanden sind.

   b) Die Eltern sollen mit ihren Kindern mehr Gespräche führen.

   c) Schriftlich wird geregelt, wie das Leben der Mädchen zu Hause und das Verhalten der Eltern sein sollen.

   d) Die Eltern dürfen das Kind nicht mehr schlagen und das Kind kann ausgehen, sooft es will.

14. Zeile 49 – 52

   a) Wenn Kathrin mit ihrer Mutter telefoniert, möchte sie am liebsten sofort nach Hause kommen.

   b) Heute findet Kathrin ihren Entschluss, von zu Hause auszureißen, falsch.

   c) Die Mutter liebt Kathrin und möchte, dass ihre Tochter wieder nach Hause kommt.

   d) Kathrins Mutter ist krank. Deshalb geht es ihr ziemlich schlecht.

15. Zeile 53 – 56

   a) Wenn sich ihre Eltern geändert haben, dann geht Kathrin nach Hause zurück.

   b) Kathrin hofft, dass sich die Situation in ihrer Familie ändert.

   c) Wenn Kathrin an ihre Familie denkt, wird sie immer noch sehr traurig.

   d) Kathrin fühlt Wut und Hass, wenn sie über ihre Familie spricht.

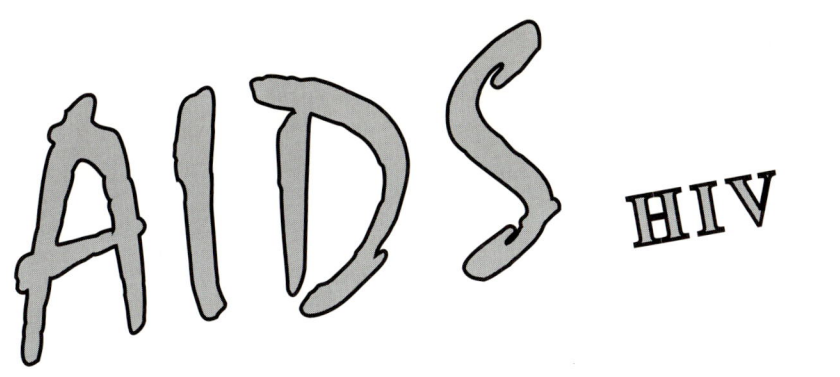

Keine Krankheit wie jede andere: AIDS

Er sieht bestimmt nicht aus, wie ein Mensch, der ein tödliches Virus in sich trägt. Großgewachsen, mindestens 1,87m, sportliche Figur, breite Schultern, eigentlich ganz fröhlich. Mit seiner Levi's 501, Sweatshirt und Lederjacke ist Ralf (22 Jahre) bestimmt ein Junge, in den sich Mädchen schnell verlieben.

5 Ralf hat aber keine Freundin. Vor drei Jahren hat er durch einen Bluttest erfahren, dass er mit dem AIDS-Virus infiziert ist. Er vermutet, dass er sich mit 17 das Virus, das meist erst bis zu zehn Jahren nach der eigentlichen Infektion zur tödlich verlaufenden Krankheit AIDS ausbricht, geholt hat. „Aus Neugier hab' ich mal Heroin gespritzt. Wahrscheinlich war eine Nadel dabei, die vorher ein AIDS-Kranker benutzt hat."

Kaum eine Krankheit hat für so viel Aufregung in der Presse, bei den Politikern und in der Bevölkerung gesorgt wie AIDS. Wissen jetzt aber alle über die Krankheit Bescheid? Wohl nicht. In den Köpfen mancher
10 Menschen geistert immer noch die Angst vor der Infizierung im Schwimmbad oder beim Küssen. Für andere ist es immer noch die Krankheit der Drogensüchtigen.

Sicher ist, beim Küssen, beim Händeschütteln, auf der Toilette oder beim Friseur hat sich noch niemand mit AIDS infiziert. Es ist auch kein Fall auf der Welt bekannt, in dem sich jemand infiziert hätte, der mit einem anderen aus einer Tasse trinkt. Einen Vorteil hat das AIDS-Virus nämlich: Es ist sehr empfindlich
15 und braucht Flüssigkeit zum Überleben. Überall, wo es an die Luft kommt, also außerhalb des Körpers, stirbt es schnell ab.

Für die meisten ist die wichtigste Frage, ob es einen Impfstoff gibt, der vor AIDS schützt. Aber hier sind sich alle Wissenschaftler einig: Obwohl in aller Welt intensiv geforscht wird, wird eine schützende Impfung vielleicht erst in 10 Jahren, wahrscheinlich aber auch niemals möglich sein.

20 Große Hoffnungen setzt man jedoch in die Suche nach einem Medikament für AIDS-Kranke. Es werden auch schon Medikamente getestet, die die Beschwerden der Kranken lindern und ihr Leben verlängern. Aber gesund machen kann man AIDS-Kranke damit nicht.

Das weiß auch Ralf. „Nach dem AIDS-Test habe ich an Selbstmord gedacht. Dann habe ich mich ent-schieden, die Zeit, die mir noch bleibt, zu genießen. AIDS-infiziert zu sein, heißt noch lange nicht, krank
25 zu sein.

Angst habe ich nur vor der Reaktion der Leute in meiner Umgebung. Wenn herauskommt, dass ich AIDS-infiziert bin, verliere ich vielleicht meinen Job. Die meisten haben Angst vor mir oder Mitleid. Ich möchte aber, dass die Leute normal mit mir umgehen. Toll finde ich eine Aktion der Berliner AIDS-Hilfe. An einem Freitag im Monat veranstaltet sie eine Party für Männer und Frauen, die AIDS haben. Auch gesunde
30 Leute sind eingeladen, damit sie langsam ihre Angst vor uns verlieren lernen."

Löse jetzt die Aufgaben zu Text A!

*Zu den folgenden 8 Aufgaben gibt dir nur der Text die richtige Antwort! Lies also bei jeder Aufgabe nochmals im Text nach und frage dich: „Habe ich das im Text gelesen?" Markiere dann den Buchstaben für die richtige Antwort durch Ankreuzen! Zu jeder Aufgabe gibt es nur **eine** richtige Lösung.*

1. Zeile 1 – 3

   a) Ralf sieht sehr gesund aus.

   b) Mädchen verlieben sich schnell in Ralf, denn er ist sehr nett.

   c) Ralf ist sehr groß und treibt viel Sport.

   d) Levi's 501, Sweatshirts und Lederjacken findet Ralf toll.

2. Zeile 4 – 7

   a) Seit drei Jahren ist Ralf mit dem AIDS-Virus infiziert.

   b) Ralf hat regelmäßig Heroin gespritzt.

   c) Nach der Infektion kann es manchmal 10 Jahre dauern, bis die Krankheit ausbricht.

   d) Ralf ist sicher, dass er sich an einer Heroin-Nadel von einem AIDS-Kranken infiziert hat.

3. Zeile 8 – 11

   a) AIDS ist die Krankheit der Drogensüchtigen.

   b) Presse, Politiker und Bevölkerung wissen nichts über die Krankheit.

   c) Viele Menschen sind noch nicht richtig über AIDS informiert.

   d) Man kann sich im Schwimmbad oder beim Küssen infizieren.

4. Zeile 12 – 16

   a) Man kann sich mit AIDS infizieren, wenn man mit einem Kranken aus einer Tasse trinkt.

   b) Das AIDS-Virus kann nur im Körper leben.

   c) Beim Küssen, beim Händeschütteln, auf der Toilette oder beim Friseur besteht die Gefahr der Infektion.

   d) Es ist nicht bekannt, wie man sich mit AIDS infizieren kann.

5. Zeile 17 – 19

   a) Nach Meinung aller Wissenschaftler wird es spätestens in 10 Jahren eine schützende Impfung geben.

   b) Sicher wird es niemals möglich sein, Menschen vor AIDS zu schützen.

   c) Die meisten Leute wollen wissen, wie man sich mit AIDS infiziert.

   d) In aller Welt forscht man nach einem Impfstoff.

6. Zeile 20 – 22

   a) Es gibt noch kein Medikament, das AIDS-Kranke gesund machen kann.

   b) Die Wissenschaftler haben schon ein Medikament entwickelt, das AIDS-Kranke gesund macht.

   c) Ärzte suchen nach neuen Medikamenten, die das Leben der Kranken verlängern können.

   d) Die Ärzte haben keine große Hoffnung, ein Medikament für AIDS-Kranke zu finden.

7. Zeile 23 – 25

   a) Ralf hat versucht, Selbstmord zu machen.

   b) Ralf weiß, dass er einen AIDS-Test machen muss.

   c) AIDS-Infizierte sind lange Zeit sehr krank.

   d) Ralf will sein Leben genießen, solange er noch nicht krank ist.

8. Zeile 26 – 30

   a) Die AIDS-Hilfe veranstaltet Partys für Leute, die AIDS-Kranken helfen wollen.

   b) Die meisten AIDS-Kranken haben Angst oder Mitleid.

   c) Ralfs Kollegen wissen nicht, dass er AIDS hat, denn dann verliert er vielleicht seinen Job.

   d) AIDS-Infizierte dürfen nicht arbeiten.

Das deutsche Hygiene-Museum

Das deutsche Hygiene-Museum in Dresden wurde 1913 gegründet. Doch obwohl es schon so lange besteht, ist es ein lebendiges Museum. Keines, das von seinen Besuchern ehrfürchtiges Staunen erwartet, sondern eins, das sie auffordert, aktiv zu werden. Sein Thema ist der Mensch, sein Körper, seine Gesundheit, seine Umwelt und Kultur.

5 Schauen wir uns doch mal die ständigen Ausstellungen an. Da gibt es eine Abteilung mit dem Namen „Unsere Sinne – ein Raum nicht nur für Kinder". Kleine und große Besucher können hier mit geschlossenen Augen den Geruch von Kokosnüssen, von Kirschen, Bananen und Honig einatmen; sie können an kleinen Täfelchen aus Wachs, Holz und Fell ihren Tastsinn spüren und an Modellen den Aufbau von Nase, Zunge, Auge und Ohr erkennen.

10 Zum Thema Drogen und Alkoholismus gibt es Broschüren und konkrete Hilfsangebote. Hier wird nicht nur auf die Gefahren hingewiesen, eine Liste mit Adressen von Suchtberatungsstellen in Dresden gehört ebenfalls zum Ausstellungsprogramm.

In der nächsten Abteilung wird es jedem Besucher möglich, mit Hilfe eines Computers seine Einstellung und sein Wissen zu verschiedenen Lebensbereichen wie Beruf, Straßenverkehr, Sport und Ernährung zu
15 testen. Hier bekommt man auch Informationen über das AIDS-Virus, Infektionsrisiken und Möglichkeiten zum Schutz vor der Krankheit.

Die größte Attraktion jedoch bleibt – und das schon seit etwa 60 Jahren – der Gläserne Mensch. Tatsächlich ist es eine durchsichtige Frau. Er erlaubt einen Blick auf das Skelett, die Organe sowie den Verlauf der wichtigsten Blutgefäße und Nerven. In den Organen gibt es kleine Lampen, die der Besucher
20 durch Knopfdruck einschalten kann. So werden die Organe erleuchtet. Hier wird es jedem Menschen möglich, wirklichkeitsnah zu sehen, wie es im Körper aussieht.

Das ist eine stark praxisorientierte Gesundheitsaufklärung, mit der das Museum heute eine über 80-jährige Tradition fortsetzt. Ziel des Museums war es nämlich bei seiner Gründung, durch die Bekanntmachung medizinisch-hygienischer Forschungsergebnisse zur Vermeidung von Krankheiten und Arbeitsunfällen
25 beizutragen. Das sollte sowohl dem Wohl des Einzelnen dienen, als auch Staat, Firmen und Versicherungen Kosten ersparen.

Neben der Gesundheitserziehung als zentralem Anliegen boten die Ausstellungen der Hygiene-Industrie die Möglichkeit, hier ihre neuesten Produkte vorzustellen. Außerdem diente das Museum als Forum, um wissenschaftliche Forschungsergebnisse zu veröffentlichen. Seit 1992 gibt es sogar eine Forschungsgruppe,
30 deren Ergebnisse direkt in das Ausstellungsprogramm aufgenommen werden.

Löse jetzt die Aufgaben zu Text B! *(7 Aufgaben)*

9. Zeile 1 – 4

   a) Im Hygiene-Museum erwartet man ehrfürchtiges Staunen vom Besucher.

   b) Das Museum ist altmodisch, denn es besteht schon sehr lange.

   c) Thema des Museums ist die Hygiene.

   d) Im Hygiene-Museum kann der Besucher aktiv werden.

10. Zeile 5 – 9

    a) Der Besuch in der Abteilung „Unsere Sinne" ist Kindern nicht erlaubt.

    b) Ein Film gibt über den Aufbau von Nase, Zunge, Auge und Ohr Auskunft.

    c) In dieser Abteilung kann man Kokosnüsse, Kirschen, Bananen und Honig sehen.

    d) Die Abteilung „Unsere Sinne" gehört zu den ständigen Ausstellungen.

11. Zeile 10 – 12

    a) Zum Ausstellungsprogramm gehört auch das Thema Drogen und Alkoholismus.

    b) Broschüren informieren darüber, wo man Drogen und Alkohol kaufen kann.

    c) Im Museum gibt es eine Suchtberatungsstelle für Drogen- und Alkoholsüchtige.

    d) Auf die Gefahren von Drogen und Alkoholismus wird nicht hingewiesen.

12. Zeile 13 – 16

    a) Ein Computer gibt Auskunft über verschiedene Lebensbereiche.

    b) Zum Thema AIDS gibt es eine besondere Abteilung.

    c) Am Computer kann man seine Einstellung und sein Wissen zu verschiedenen Lebensbereichen prüfen.

    d) Beruf, Straßenverkehr, Sport und Ernährung sind die wichtigsten Lebensbereiche.

13. Zeile 17 – 21

    a) Auf Bildern kann jeder Besucher sehen, wie es im Körper aussieht.

    b) Durch Knopfdruck erhält der Besucher eine Erklärung zu den Organen.

    c) Der Gläserne Mensch steht im größten Raum des Museums.

    d) Im Gläsernen Menschen sind das Skelett, die Organe, die Blutgefäße und die Nerven zu sehen.

14. Zeile 22 – 26

    a) Staat, Firmen und Versicherungen tragen einen Teil der Kosten für das Museum.

    b) Das Museum soll dazu beitragen, Krankheiten und Arbeitsunfälle zu vermeiden.

    c) Aufgabe des Museums ist die medizinisch-hygienische Forschung.

    d) Gesundheitsaufklärung gibt es in Deutschland seit über 80 Jahren.

15. Zeile 27 – 30

    a) Das Museum veröffentlicht Bücher mit wissenschaftlichen Forschungsergebnissen.

    b) Das wichtigste Ziel des Museums ist die Gesundheitserziehung.

    c) Heute darf die Hygiene-Industrie nicht mehr ihre neuesten Produkte vorstellen.

    d) Seit 1992 gibt es im Museum Räume für Forschungsgruppen.

Mobbing in der Schule

Mobbing – das ist ein neues Wort in der deutschen Sprache. Es bedeutet Psychoterror und Gewalt am Arbeitsplatz und in der Schule. Man weiß nie, warum jemand gemobbt wird. Vielleicht passiert es dem Nachbarn in der Klasse, weil er ein altmodisches Hemd trägt, oder dem neuen Mitschüler, weil er den komischen Namen Egbert und eine Eins in Mathe hat.

5 In deutschen Schulen nehmen Gewalt und Psychoterror zu. Schüler machen anderen Schülern Angst, bedrohen sie. Und das passiert manchmal sogar mit Waffen. Der Direktor einer Hauptschule in Bad Segeberg sagt: „Bevor wir etwas dagegen unternahmen, kamen Schüler mit Messern und Gaspistolen zum Unterricht. Wenn wir Waffen entdeckten, nahmen wir sie den Schülern weg. Inzwischen sieht mein Schreibtisch wie ein Waffenlager aus."

10 Eine Untersuchung des Bundeslandes Schleswig-Holstein zeigte, dass 28% der befragten Schüler sich vor Gewalt an ihrer Schule fürchten. Es gab sogar Fälle, in denen gemobbte Schüler aus Angst nicht mehr zum Unterricht kamen oder zum Schutz selbst Waffen mitbrachten.

Dieses Bundesland ist nun das erste, das ein Programm gegen Terror auf dem Pausenhof durchführt. 45 Schulen arbeiten an dem Projekt „Mobbing und Schutz vor Gewalt in Schulen" mit, das von dem
15 norwegischen Pädagogik-Professor Dan Olweus entwickelt wurde. Er fand auch heraus, dass Lehrer nur von 40 Prozent der Attacken in ihren Schulen erfahren.

In den Klassen werden nun Strategien gegen Schülergewalt geübt. In Rollenspielen kann man beispielsweise lernen, wie man Konflikte mit Worten löst und welche Kompromisse möglich sind. Im Sportunterricht werden Schüler mit Kampftechniken wie Judo vertraut gemacht, um sich schützen zu können.
20 Aber vor allem üben sie richtiges Fallen. Denn viele Verletzungen entstehen beim Sturz. Außerdem ist es wichtig, schnell wieder aufzustehen und wegzulaufen.

Fühlen sich die Schüler in ihrer Schule wohl und wie zu Hause, sind sie weniger aggressiv. Darum werden neue Freizeitmöglichkeiten eingerichtet. So hat man in einer Schule ein ganzes Stockwerk mit Hilfe der Schüler zum Freizeitbereich ausgebaut. Es gibt Tischtennis- und Billardtische, einen Fitnessraum, eine
25 Töpfer-Werkstatt und ein Schüler-Café. Vom Pausenhof wird ein Teil für Ballspiele genutzt.

Kleine Gruppen sollen die Ursachen der Gewalt diskutieren. Zu diesem Zweck können sich Lehrer und Schüler zusammen amerikanische Filme über Jugendbanden ansehen und deren Verhalten kritisieren. Hier merken die Schüler oft selbst, dass schlechte Beispiele aus Filmen ihr eigenes Verhalten negativ beeinflussen.

30 Ein weiterer Grund dafür, dass Schüler gewalttätig werden, ist der Frust. Schwierigkeiten in der Schule, Probleme mit den Eltern oder Angst vor den anderen lassen Kinder und Jugendliche aggressiv werden. Um ihre Schwäche nicht zu zeigen, spielen sie dann gern den starken Mann. Und „Mann" ist hier wörtlich gemeint, denn 90% der aggressiven Kinder im Schulalter sind Jungen.

Kontrollen während der Pausen sollen die Sicherheit der Schüler garantieren. Diese Kontrollen werden
35 sowohl von Lehrern als auch von den Schülern selbst durchgeführt. Außerdem übernehmen ältere Schüler als Tutoren die Verantwortung für jüngere. Das gibt den Kleinen Sicherheit, den Großen Selbstbewusstsein.

Gemobbte Jugendliche können sich in Schleswig-Holstein bei den in den Schulen eingerichteten Kontakt-telefonen weiterhelfen lassen. In anderen Bundesländern gibt es zwar auch schon Mobbing-Telefone, aber leider sind sie noch nicht auf Gewalt an Schulen spezialisiert.

Löse jetzt die Aufgaben zu Text A!

Zu den folgenden 10 Aufgaben gibt dir nur der Text die richtige Antwort! Lies also bei jeder Aufgabe nochmals im Text nach und frage dich: „Habe ich das im Text gelesen?" Markiere dann den Buchstaben für die richtige Antwort durch Ankreuzen! Zu jeder Aufgabe gibt es nur eine richtige Lösung.

1. Zeile 1 – 4

   a) In Deutschland gibt es seit langem Psychoterror und Gewalt am Arbeitsplatz und in der Schule.
   b) Psychoterror und Gewalt können aus verschiedenen Gründen entstehen.
   c) Meistens werden neue Mitschüler mit komischen Namen gemobbt.
   d) Schüler mit einer Eins in Mathe sind oft besonders aggressiv.

2. Zeile 5 – 9

   a) Der Direktor einer Hauptschule verteilt an die Schüler Messer und Gaspistolen.
   b) In deutschen Schulen werden alle Schüler mit Waffen bedroht.
   c) In deutschen Schulen gibt es immer mehr Gewalt und Psychoterror.
   d) Die Lehrer nehmen den Schülern die Waffen weg und bringen sie zur Polizei.

3. Zeile 10 – 12

   a) Aus Angst vor Gewalt gehen einige Schüler nicht mehr zur Schule.
   b) In Schleswig-Holstein hat man 28% aller Schüler zum Thema Gewalt in der Schule befragt.
   c) Vor Gewalt in der Schule kann man sich nur dadurch schützen, dass man selbst Waffen mitbringt.
   d) In deutschen Schulen sind 28% der Schüler schon gemobbt worden.

4. Zeile 13 – 16

a) Ein norwegischer Pädagogik-Professor will in Deutschland eine Untersuchung über Mobbing in der Schule durchführen.

b) Nur 40 Prozent der Lehrer interessieren sich für die Probleme ihrer Schüler.

c) In Schleswig-Holstein führt man ein Programm gegen Mobbing in der Schule durch.

d) Zahlreiche Bundesländer wollen beim Programm gegen Terror auf dem Pausenhof mitmachen.

5. Zeile 17 – 21

a) Schüler werden oft vom Sportunterricht negativ beeinflusst, weil sie da Kampftechniken wie Judo lernen.

b) Viele Schüler verletzen mit Judo andere Schüler.

c) Beim Sportunterricht entstehen viele Verletzungen.

d) Schüler lernen nun zu diskutieren, Kompromisse zu schließen und sich vor Gewalt zu schützen.

6. Zeile 22 – 25

a) Neue Freizeitmöglichkeiten in der Schule sollen das Verhältnis der Schüler zur Schule verbessern und die Aggressivität verringern.

b) Man plant, in allen Schulen ein ganzes Stockwerk zum Freizeitbereich auszubauen.

c) Ihre Pause sollen die Schüler mit Sport, in der Töpfer-Werkstatt oder im Café verbringen.

d) Zu Hause sind Schüler weniger aggressiv.

7. Zeile 26 – 29

a) Lehrer und Schüler sehen sich amerikanische Filme an, um richtiges Verhalten zu lernen.

b) Filme über Jugendbanden können schlechte Beispiele zeigen.

c) Kleine Gruppen üben Kritik am Verhalten ihrer Mitschüler.

d) Die Schüler sollen lernen, dass Fernsehen sie aggressiv macht.

8. Zeile 30 – 33

a) Die meisten Jungen haben Schwierigkeiten in der Schule, Probleme mit den Eltern oder Angst vor den anderen.

b) Frust ist einer der Gründe für Gewalt unter Schülern.

c) 90% der Jungen sind nur beim Spielen aggressiv.

d) Schüler mit Schwierigkeiten in der Schule haben oft auch Probleme mit ihren Eltern.

9. Zeile 34 – 36

a) Die Lehrer sollen in der Pause dafür sorgen, dass ältere Schüler den jüngeren keine Angst machen.

b) Während der Pausen garantieren Polizeikontrollen die Sicherheit der Schüler.

c) Ältere Schüler sind für die Sicherheit jüngerer verantwortlich.

d) Den ganzen Tag kontrollieren sowohl die Lehrer als auch die Schüler Pausenhof und Klassenräume.

10. Zeile 37 – 39

a) In allen Bundesländern gibt es Kontakttelefone für gemobbte Schüler.

b) Lehrer an Kontakttelefonen geben über das Projekt „Mobbing und Schutz vor Gewalt in Schulen" Auskunft.

c) In allen Bundesländern hat man in den Schulen spezielle Mobbing-Telefone eingerichtet.

d) Gemobbte Jugendliche können an Schulen in Schleswig-Holstein über spezielle Kontakttelefone Hilfe bekommen.

Detektive
K. Gruber

Manchmal schneller als die Polizei: der Detektiv

Rund eine Stunde wartet K. an diesem
grauen Freitagnachmittag vor einem Firmengebäude in Frankfurt. Endlich verlässt der erwartete Mann das
Haus, steigt ins Auto und fährt los. Er ist klein, hat schon graues Haar und sieht nicht wie jemand aus, der
Frauenherzen bricht. Doch seine Ehefrau zweifelt an seiner ehelichen Treue und lässt ihren Mann von
einem Detektiv beobachten.

5   Die Verfolgung beginnt. Nach wenigen Minuten hält der Wagen vor einem Blumengeschäft, der kleine
Herr steigt aus und kommt kurze Zeit später mit einem Blumenstrauß zurück. K. denkt: „Der besucht doch
tatsächlich seine Freundin!" Die Fahrt geht weiter. Zwanzig Minuten später jedoch hält der Mann vor
seinem eigenen Haus. Nun muss die Auftraggeberin für ein Foto bezahlen, auf dem ihr Mann ihr selbst
Blumen bringt.

10 K. arbeitet seit zwei Jahren als Detektiv. Sein Beruf hat wie heute nichts mit wilder Action zu tun. Eine
Waffe hat er nie dabei. Notwendig dagegen ist der Fotoapparat. Tricks wie Verkleidung, falsche Bärte und
Perücken sind erlaubt, werden jedoch von den meisten Detektiven nur selten gebraucht. Denn von den
etwa 15 000 Detektiven in Deutschland arbeiten ungefähr 13 000 für Kaufhäuser. Dort sind sie auf der
Jagd nach Ladendieben.

15 Es ist nicht schwer, Detektiv zu werden. Denn für diesen Beruf gibt es keine festgelegte Ausbildung. Unter
den Detektiven finden sich sowohl Kaufleute als auch ehemalige Polizisten. Neben seriösen Profis gibt es
allerdings auch Scharlatane. Deshalb bemüht sich der Bundesverband Deutscher Detektive (BDD) schon
lange darum, das Image des Berufs zu verbessern. Zu diesem Zweck hat er Richtlinien für eine zweijährige
Berufsausbildung in Theorie und Praxis entwickelt.

20 Wer Detektiv werden möchte, soll demnach mindestens die Realschule abgeschlossen haben. Im Anschluss
daran ist ein zweijähriges Praktikum in einer Detektei vorgesehen. Durch Seminare und Lehrbücher soll
theoretisches Wissen erworben werden. Die Studienfächer sind Rechtskunde, Wirtschaft, Technik,
Psychologie, Wach- und Werkschutz sowie Kriminologie und Kriminalistik. Das Wichtigste jedoch
für einen Detektiv kann man nicht lernen, und das sind Geduld, Diskretion und Kombinationsgabe.

Löse jetzt die Aufgaben zu Text B! *(5 Aufgaben)*

11. Zeile 1 – 4

   a) Der kleine Mann mit dem grauen Haar ist seiner Ehefrau nicht treu.

   b) K. ist Angestellter einer Firma in Frankfurt.

   c) K. wartet vor einem Firmengebäude auf einen Mann, den er beobachten soll.

   d) Die Ehefrau beobachtet ihren Mann, weil sie an seiner Treue zweifelt.

12. Zeile 5 – 9

   a) Der kleine Herr kauft Blumen, um seine Freundin zu besuchen.

   b) Vor einem Blumengeschäft hält der Herr, um einen Blumenstrauß zu kaufen.

   c) K. hat von seiner Auftraggeberin ein Foto von ihrem Mann bekommen.

   d) Der Mann fährt von der Arbeit direkt zu seinem eigenen Haus.

13. Zeile 10 – 14

   a) Der Beruf von K. ist gefährlich. Deshalb braucht er eine Waffe, Verkleidung, falsche Bärte und Perücken.

   b) Die Mehrheit der Detektive passt in Kaufhäusern darauf auf, dass Ladendiebe nichts stehlen.

   c) Die wichtigsten Dinge für einen Detektiv sind der Fotoapparat, die Verkleidung, falsche Bärte und Perücken.

   d) Detektiven ist es verboten, Waffen zu tragen.

14. Zeile 15 – 19

   a) Nur Kaufleute und ehemalige Polizisten dürfen als Detektive arbeiten.

   b) Die Arbeit des Detektivs ist nicht schwer.

   c) Die Berufsausbildung für Detektive dauert zwei Jahre.

   d) Der BDD plant eine zweijährige Berufsausbildung für künftige Detektive.

15. Zeile 20 – 24

   a) Um Detektiv zu werden, muss man an der Universität studieren.

   b) In einer Detektei werden junge Leute zwei Jahre lang praktisch und theoretisch zum Detektiv ausgebildet.

   c) Wer Detektiv werden will, sollte geduldig und diskret sein sowie Fakten gut kombinieren können.

   d) Der Realschulabschluss und der Besuch einiger Seminare genügen, damit man Detektiv werden kann.

Küssen? – Na, klar!

Schon der alte Grieche Plato machte sich Gedanken darüber, warum die Menschen wohl so gern küssen. Nach seiner Theorie war der Mensch früher rund wie ein Ball. Er hatte vier Beine, vier Arme und zwei Gesichter und war Mann und Frau in einem. Dann wurde dieses seltsame Wesen aber zu hochmütig, und Gott Zeus schnitt es in zwei Teile. So entstand die Trennung zwischen Mann und Frau.

5 Plato vermutete nun, dass die Menschen mit dem Kuss versuchen, den alten Zustand, die Vereinigung, wiederherzustellen. Die Trennung in Mann und Frau war von Zeus als Strafe gedacht. Allerdings hatte er nicht vorhergesehen, dass sie den Menschen so viel Spaß machen würde.

Dass es Spaß macht, beweisen Zahlen. In Deutschland küsst man durchschnittlich viereinhalb Mal pro Tag. Und das Gute daran, Küssen ist gesund. Nach einer Untersuchung amerikanischer Wissenschaftler lebt der
10 im Durchschnitt fünf Jahre länger und muss nicht so oft zum Arzt, der viel küsst.

Beim Küssen produziert der Körper nämlich eine Menge Neuropeptide. Das sind chemische Substanzen, die direkt auf unsere Killerzellen einwirken und sie aktivieren. Die Killerzellen sind die „Polizei" des Körpers. Werden sie aktiviert, stürzen sie sich auf Infektionsherde, auf Bakterien oder Viren und töten sie. Es gibt Neuropeptide, die wie eine Droge wirken. Andere entsprechen Schmerzmitteln. Eins ist sogar fast
15 200-mal stärker als Morphium.

Den ersten Kuss vom Freund oder von der Freundin bekommen die meisten Menschen mit 14. Umfragen haben ergeben, dass sich neun von zehn Erwachsenen ein Leben lang an diesen ersten Kuss erinnern. Aufregung, Freude und auch Unsicherheit mischten sich und viele fragten sich nach diesem Kuss: „Sind wir nun ein Paar?"

20 Übrigens küssen nicht nur Menschen. Ein Tierpfleger aus dem Zoo von San Diego erinnert sich noch gut an seinen ersten Arbeitstag. Als er in den Affenkäfig ging, kam eine Affendame mit gespitzten Lippen auf ihn zu. Dann nahm sie seinen Kopf und drückte ihm einen Kuss auf den Mund. Würde man sie fragen, ob Küssen Spaß macht, wäre ihre Antwort sicher: „Küssen? – Na, klar!"

Löse jetzt die Aufgaben zu Text A!

*Zu den folgenden 6 Aufgaben gibt dir nur der Text die richtige Antwort! Lies also bei jeder Aufgabe nochmals im Text nach und frage dich: „Habe ich das im Text gelesen?" Markiere dann den Buchstaben für die richtige Antwort durch Ankreuzen! Zu jeder Aufgabe gibt es nur **eine** richtige Lösung.*

1. Zeile 1 – 4

    a) Gott Zeus hat den Menschen in Mann und Frau geschnitten, damit sie sich küssen können.

    b) Plato glaubte, dass Gott Zeus den Menschen in Mann und Frau getrennt hat.

    c) Man weiß, dass der Mensch früher rund war und vier Beine, vier Arme und zwei Gesichter hatte.

    d) Plato hat sich Gedanken darüber gemacht, warum es Mann und Frau gibt.

2. Zeile 5 – 7

    a) Die Menschen fanden, dass ihre Trennung in Mann und Frau eine furchtbare Strafe war.

    b) Nach Platos Meinung wollen Mann und Frau sich durch den Kuss wieder zu einem Wesen vereinigen.

    c) Zeus' Strafe hatte keine Folgen für die Menschen.

    d) Plato hat sehr viel über den alten Zustand des Menschen nachgedacht.

3. Zeile 8 – 10

    a) Küssen macht Spaß, weil es gesund ist.

    b) Eine Untersuchung amerikanischer Wissenschaftler hat ergeben, dass gesunde Menschen länger leben.

    c) Amerikanische Wissenschaftler haben festgestellt, dass die Deutschen sehr viel küssen.

    d) Im Durchschnitt küssen sich Deutsche vier- oder fünfmal pro Tag.

4. Zeile 11 – 15

    a) Durch das Küssen kann man die Killerzellen, also die „Polizei" des Körpers, aktivieren.

    b) Die Neuropeptide töten Bakterien und Viren und sorgen so für unsere Gesundheit.

    c) Neuropeptide sind Drogen, die fast 200-mal stärker als Morphium sind.

    d) Beim Küssen überträgt ein Partner auf den anderen Bakterien und Viren.

5. Zeile 16 – 19

    a) Die meisten Erwachsenen vergessen ihren ersten Kuss nie.

    b) Neun von zehn Erwachsenen haben den ersten Kuss mit 14 Jahren bekommen.

    c) Viele erinnern sich an ihren ersten Kuss, weil sie sich darüber gefreut hatten.

    d) Nach dem ersten Kuss sind Mann und Frau ein Paar.

6. Zeile 20 – 23

    a) Allen Affen macht Küssen großen Spaß.

    b) Ein Tierpfleger aus dem Zoo von San Diego weiß, dass Affen sich auf den Mund küssen.

    c) Auch Tiere, wie zum Beispiel Affen, küssen gern.

    d) Ein Tierpfleger küsst jeden Tag, wenn er in den Affenkäfig geht, eine Affendame.

Valentinstag

Seit Tagen schon leuchten rote Pappherzen und Rosen in jedem Blumenladen. Pralinen und rosa Luftballons locken im Schaufenster von Süßwarengeschäften und Parfümerien. All das soll darauf aufmerksam
machen, dass der 14. Februar kein gewöhnlicher Wochentag ist. Deutlich wird gezeigt: Wer seine
Mitmenschen liebt, soll für sie hier am Valentinstag ein kleines Geschenk kaufen.

5 Natürlich könnte man vermuten, der Valentinstag sei eine Erfindung der Geschäftsleute. Deutsche
Blumenhändler weisen diesen Verdacht jedoch zurück. Die Tradition des Valentinstags geht auf den
Heiligen Valentin zurück, der am 14. Februar 269 als Märtyrer starb. Von ihm wird berichtet, er habe
allen Liebenden, die an seinem Klostergarten vorbeigingen, Blumen geschenkt.

Das reichte natürlich nicht aus, um Valentin zum Schutzpatron der Liebenden zu ernennen. Dies hängt
10 vermutlich mit einer Laune der Natur zusammen. Denn wie man schon in früher Vergangenheit berichtete,
beginnen am 14. Februar, dem Namenstag des Heiligen Valentin, die Vögel sich zu paaren. Es lag also
nahe, die Ursache für die Liebeslust bei diesem Heiligen zu suchen.

In England ist der Valentinstag seit etwa 500 Jahren das Fest der Liebenden. Dort wählten sich junge
Männer und Frauen am 14. Februar einen „Valentin" oder eine „Valentine". In einer Lotterie zog jeder
15 Mann einen Zettel mit dem Namen einer jungen Dame. Mit dieser Frau durfte er sich dann für ein Jahr
freundschaftlich verbinden. Blumen, Gedichte, kleine Geschenke und gemeinsame Spaziergänge waren
erlaubt. Manchmal führte so eine Beziehung dann auch zur Heirat der jungen Leute.

In Deutschland hatte es der Brauch des Valentinstags schwer. Hierzulande gilt nämlich der 14. Februar seit
alten Zeiten als Geburtstag des Jesus-Verräters Judas Ischariot. Es ist also ein Unglücksdatum. Außerdem
20 hatte der Name Valentin Ähnlichkeit mit dem Wort „fallen". Daher wurde er mit den „Fallsüchtigen", wie
früher die an Epilepsie Erkrankten hießen, in Zusammenhang gebracht.

Natürlich feiert man heute den Valentinstag auch in Deutschland. Interessant ist, dass überdurchschnittlich
viele Frauen an diesem Tag Geschenke kaufen. Viele Verkäufer meinen, dass Frauen sowieso mit mehr
Liebe schenken. Männer schenken oft aus Pflichtgefühl und oft hören Verkäufer: „Packen Sie es nicht ein,
25 es ist nur für meine Frau."

Ebenfalls sind es vor allem die Männer, die große Schwierigkeiten haben, das richtige Geschenk für ihre Partnerin zu finden. So bitten sie häufig die Verkäufer um Hilfe. Hier ein paar Tipps für Geschenke, die jedem Mädchen, aber auch jedem Jungen gefallen:

30 Glückwunschkarten mit ein paar lieben Worten oder einem Gedicht kann sich jeder Geldbeutel leisten. Ein beliebtes Geschenk sind Blumen. An erster Stelle stehen natürlich rote Rosen, aber auch Vergissmeinnicht oder Veilchen, die Treue symbolisieren, werden oft gekauft. Mädchen mögen Schmuck, wie z.B. Ringe oder Ohrringe, während man Jungen eine Krawatte oder ein schickes T-Shirt schenken kann.

Wer in eine Naschkatze verliebt ist, kann Pralinen oder Schokolade schenken. Speziell für den Valentinstag gibt es sehr schöne Pralinenschachteln in Herzform. Und der letzte Tip: Besonders freuen sich viele über
35 eine Einladung ins Theater oder in ein romantisches Restaurant. Dort kann man den Abend gemeinsam mit der geliebten Person verbringen, was für die meisten das schönste aller Geschenke ist.

Löse jetzt die Aufgaben zu Text B! *(9 Aufgaben)*

7. Zeile 1 – 4

   a) Am 14. Februar kauft jeder ein kleines Geschenk für die Menschen, die er liebt.

   b) Blumenläden, Süßwarengeschäfte und Parfümerien locken schon Tage vorher die Kunden an.

   c) Der 14. Februar ist ein Tag wie jeder andere.

   d) Rote Pappherzen, Rosen, Pralinen und rosa Luftballons sind die geeigneten Geschenke für den Valentinstag.

8. Zeile 5 – 8

   a) Die Geschäftsleute haben den Valentinstag erfunden.

   b) Der Heilige Valentin verschenkte am Valentinstag Blumen.

   c) Am 14. Februar ist der Valentinstag, weil an diesem Tag der Heilige Valentin gestorben ist.

   d) Am 14. Februar 269 musste der Heilige Valentin als Märtyrer sterben, denn er schenkte Liebenden immer Blumen.

9. Zeile 9 – 12

   a) Es ist ein Fehler zu glauben, dass der Heilige Valentin der Schutzpatron der Liebenden ist.

   b) Am 14. Februar beginnt die Paarung der Vögel.

   c) Der Valentinstag ist am 14. Februar, weil dann der Namenstag des Heiligen Valentin ist.

   d) Der Heilige Valentin hat sich sehr für Vögel interessiert und die Ursachen ihrer Liebeslust untersucht.

10. Zeile 13 – 17

   a) In England gibt es seit ungefähr 500 Jahren den Valentinstag.

   b) In England hießen früher viele junge Leute „Valentin" oder „Valentine".

   c) Wenn ein Mann einer Frau Geschenke machte und sie zusammen spazieren gingen, dann mussten sie heiraten.

   d) Männer schenkten Frauen oft Blumen, Gedichte und andere kleine Dinge, um ihre Freundschaft zu gewinnen.

11. Zeile 18 – 21

   a) Der 14. Februar ist in zahlreichen Ländern ein Unglücksdatum.

   b) Fallsüchtige sind Kranke, die an Epilepsie leiden.

   c) Der Name Valentin kommt von dem deutschen Wort „fallen".

   d) In Deutschland wurde der Brauch des Valentinstags schnell akzeptiert.

12. Zeile 22 – 25

    a) In Deutschland kaufen am Valentinstag nur Frauen Geschenke.

    b) Man hat viele Verkäufer gefragt, was sie über die Geschenke der Frauen meinen.

    c) Geschenke für die Frau werden in Deutschland nicht eingepackt.

    d) Vielen Männern macht es keinen Spaß, ihrer Frau etwas zu schenken.

13. Zeile 26 – 28

    a) Verkäufer können immer das richtige Geschenk für den Valentinstag vorschlagen.

    b) Männer können oft kein passendes Geschenk für ihre Partnerin auswählen.

    c) Nur die Männer haben Schwierigkeiten bei der Suche nach einem Geschenk.

    d) Hier gibt es Tipps für Geschenke, die Mädchen für jeden Jungen kaufen können.

14. Zeile 29 – 32

    a) Mädchen mögen am liebsten Blumen und vor allem rote Rosen.

    b) Wer genug Geld hat, kann seiner Freundin Schmuck oder seinem Freund eine Krawatte oder ein
       T-Shirt schenken.

    c) Glückwunschkarten oder ein Gedicht sind keine teuren Geschenke.

    d) Rote Rosen symbolisieren Liebe und Veilchen Treue.

15. Zeile 33 – 36

    a) Ein Theater oder ein romantisches Restaurant sind die schönsten Orte, um der geliebten Person das
       Geschenk zu geben.

    b) Pralinen oder Schokolade sind gute Geschenke, wenn man keine bessere Idee hat.

    c) Am Abend sollte man unbedingt etwas zusammen mit der geliebten Person unternehmen.

    d) Pralinen oder Schokolade sind gut als Geschenke für Naschkatzen geeignet.

Ist Frauenfußball Männersache?

Die deutsche Fußball-Nationalmannschaft wurde 1990 in Italien Weltmeister – das weiß jeder. Die deutsche Frauen-Nationalmannschaft wurde 1989 in Deutschland Europameister – wusstet ihr das auch? Frauenfußball ist auch heute noch eine ziemlich unbekannte Sportart, obwohl fast eine halbe Million Mädchen und Frauen in Vereinen des DFB (Deutscher Fußballbund) spielen.

5 Seit der Europameisterschaft ist die Beliebtheit des Fußballs bei den Frauen sehr gestiegen. Es gibt seit 1990 auch eine Frauen-Bundesliga. Doch damit hört die Gleichberechtigung auch schon auf. Fußball ist in Deutschland immer noch „Männersache". Diese Benachteiligung hat in Deutschland Tradition: Noch im Jahre 1955 war Damenfußball sogar offiziell verboten. Als Begründung brachte der DFB hervor, dass Fußball ein Kampfsport und damit nichts für das „schwache Geschlecht" sei.

10 Trotzdem spielten in den siebziger Jahren schon über 1 000 Frauenmannschaften. Für sie galten jedoch immer noch andere Regeln. Ein Spiel durfte nicht wie bei den Männern 90 Minuten, sondern nur 60 Minuten dauern. Der Ball war leichter, nur 390 Gramm schwer, und den Frauen war es nicht erlaubt, im Regen zu spielen. Außerdem durften sie keine Stollenschuhe – die speziellen Fußballschuhe – tragen.

All das hat sich inzwischen geändert. Die Männer bestimmen aber immer noch den Frauenfußball.
15 Denn DFB-Lehrer weigern sich, weibliche Trainer auszubilden, und es gibt keinen einzigen weiblichen Schiedsrichter. Frauenmannschaften bekommen vom DFB auch keine finanzielle Unterstützung. Deshalb sparen sie, wo sie können, und waschen sogar ihre Sportkleidung selbst.

Besonders ärgerten sich die Spielerinnen der Nationalmannschaft, als sie nach ihrem Sieg bei der Europameisterschaft eine Goldmedaille und ein Kaffeeservice bekamen, während ihre männlichen
20 Kollegen für den Weltmeisterschafts-Sieg jeder 125 000 Mark vom DFB erhielten. Die National-spielerinnen sind jedoch optimistisch: „Fußball wird nicht mehr lange nur Männersache bleiben, denn Frauen spielen genauso gut wie Männer – daran können auch die Herren des DFB nichts ändern."

Löse jetzt die Aufgaben zu Text A!

Zu den folgenden 5 Aufgaben gibt dir nur der Text die richtige Antwort! Lies also bei jeder Aufgabe nochmals im Text nach und frage dich: „Habe ich das im Text gelesen?" Markiere dann den Buchstaben für die richtige Antwort durch Ankreuzen! Zu jeder Aufgabe gibt es nur **eine** *richtige Lösung.*

1.　Zeile 1 – 4

　　a) Die deutsche Nationalmannschaft hat 1990 gegen die italienische Mannschaft gespielt und gewonnen.

　　b) Eine halbe Million Mädchen und Frauen auf der ganzen Welt spielen Fußball in Vereinen.

　　c) Jede Deutsche weiß, dass die Nationalmannschaft 1990 Weltmeister wurde.

　　d) Viele Leute wissen nicht, dass auch Frauen Fußball spielen.

2.　Zeile 5 – 9

　　a) 1955 wurde der Damenfußball vom DFB verboten, weil es ein Kampfsport ist.

　　b) Seit der Europameisterschaft interessieren sich mehr Frauen für Fußball.

　　c) Seit 1990 sind weibliche und männliche Fußballspieler in Deutschland gleichberechtigt.

　　d) Fußball ist für Frauen zu gefährlich, denn es ist ein Kampfsport.

3.　Zeile 10 – 13

　　a) Für Frauenmannschaften gelten auch jetzt noch andere Regeln beim Spiel.

　　b) Frauen durften früher bei Regen keine Stollenschuhe tragen.

　　c) Zwischen 1970 und 1980 gab es schon mehr als 1 000 Fußballmannschaften für Frauen.

　　d) Ein Spiel zwischen Frauenmannschaften dauert 60 oder 90 Minuten.

4.　Zeile 14 – 17

　　a) Jetzt hat sich die Situation geändert und Frauen sind in allen Bereichen des Fußballs gleichberechtigt.

　　b) Die Frauenmannschaften waschen ihre Sportkleidung selbst, weil sie sparen müssen.

　　c) Frauen wollen sich nicht als Trainer ausbilden lassen oder als Schiedsrichter arbeiten.

　　d) Es gibt noch keine Trainer für Frauenmannschaften.

5.　Zeile 18 – 22

　　a) Die Frauen der Nationalmannschaft bekamen nach ihrem Sieg bei der Europameisterschaft kein Geld vom DFB.

　　b) Auch die Männer meinen, dass Frauen genauso gut wie sie Fußball spielen.

　　c) Die Spielerinnen der Nationalmannschaft ärgerten sich, weil sie bei der Europameisterschaft eine Goldmedaille bekamen.

　　d) Die Nationalspielerinnen hoffen, dass bald nur noch Frauen Fußball spielen.

Bungee – der Spaß für gelangweilte Großstädter

Niemand glaubte vor elf Jahren daran, dass irgendwann einmal Zehntausende freiwillig 150 Mark bezahlen würden, um von 70 bis 130 Meter Höhe in die Tiefe zu springen. Ein Gummiseil, das man vorher an den Füßen befestigt, bremst den Sturz, so dass man nicht mit dem Kopf auf den Boden aufschlägt. Diese neue Sportart nennt man Bungee und sie gehört zu den sogenannten Fun-Sportarten. Sie ist also ein Sport, der
5   Spaß machen soll.

Doch jeder, der es einmal probiert hat, findet den Sprung in die Tiefe furchtbar. Schön jedoch ist der Moment, wenn man von dem Gummiseil aufgefangen wird. Dann fühlt man sich wie neugeboren. Psychologen erklären, was der Mensch bei Bungee erlebt: Er überwindet die Todesangst. Das gibt ihm ein Gefühl von Größe. Außerdem fühlt er sich geschützt wie in den Armen des Vaters.

10 Bungee stammt von einer abgelegenen Insel in der Südsee, etwa 1 000 Kilometer westlich der Fidjiinseln. Schon vor langer Zeit bauten die jungen Männer dort jedes Jahr ein fast 30 Meter hohes Gerüst aus Baum-stämmen. Dann banden sie sich eine besonders elastische Lianenart um die Füße, die am Gerüst festgebunden war. Wer zu den erwachsenen Männern gehören wollte, musste während eines Festes von dort in die Tiefe springen, um seinen Mut zu beweisen.

15 Dieses seltsame Ritual, das aus Jungen Männer machte, wurde nach dem Zweiten Weltkrieg von Abenteurern aus Neuseeland entdeckt. Sie nahmen die Idee mit nach Hause und ersetzten die Liane durch ein Gummiseil. Damit sprangen sie mutig von hohen Brücken. Aber in Neuseeland war Bungee kein Massensport. Dazu wurde es erst, als der Chef des britischen „Clubs für gefährliche Sportarten" es entdeckte und im Fernsehen für sein neues Sportangebot Werbung machte.

20 Inzwischen gibt es schon eine ganze Reihe von Bungee-Anlagen, die von Ort zu Ort ziehen. Meistens sind Stadtfeste oder Festivals der Anlass für den Aufbau der Bungee-Anlagen. Der Sprung am Gummiseil zählt zu den großen Attraktionen, denn er hilft Großstädtern gegen die Langeweile. Außerdem kann man hier sich selbst und den anderen beweisen, dass man Mut hat.

Löse jetzt die Aufgaben zu Text B! *(5 Aufgaben)*

6. Zeile 1 – 5

   a) Von 70 bis 130 Meter Höhe springt man auf ein großes Gummibett.

   b) Bungee ist eine neue Sportart, bei der der Körper gut trainiert wird.

   c) Ein Sprung in die Tiefe kostet 150 Mark.

   d) Bungee-Sprünge sind sehr teuer, weil sie großen Spaß machen.

7. Zeile 6 – 9

   a) Manche Leute, die schon einmal Bungee probiert haben, finden den Sprung in die Tiefe furchtbar.

   b) Man fühlt sich wohl und sicher, wenn man vom Gummiseil aufgefangen wird.

   c) Wer einmal den Sprung in die Tiefe probiert, möchte ihn immer wieder machen.

   d) Psychologen sind der Meinung, dass Bungee Menschen hilft, die Todesangst zu überwinden.

8. Zeile 10 – 14

   a) Die erwachsenen Männer auf einer Insel in der Südsee springen jedes Jahr von einem fast 30 Meter hohen Gerüst.

   b) Bungee gibt es schon seit langer Zeit auf den Fidjiinseln.

   c) Das hohe Gerüst wurde aus Baumstämmen gebaut, die man mit einer elastischen Lianenart zusammenband.

   d) Junge Männer auf einer Südseeinsel bewiesen ihren Mut, indem sie von einem hohen Gerüst sprangen.

9. Zeile 15 – 19

   a) Bungee wurde von Abenteurern in Neuseeland erfunden.

   b) In Neuseeland wurde Bungee zum Massensport, als man im Fernsehen dafür Werbung machte.

   c) Der Chef des britischen „Clubs für gefährliche Sportarten" hat Bungee als Erster entdeckt.

   d) In Neuseeland band man sich vor dem Bungee-Sprung keine Liane, sondern ein Gummiseil um die Füße.

10. Zeile 20 – 23

   a) Bungee-Anlagen gibt es oft bei Stadtfesten oder Festivals.

   b) Das beste Mittel gegen Langeweile ist der Bungee-Sprung.

   c) In vielen Großstädten gibt es schon Bungee-Anlagen.

   d) Viele Männer springen von der Bungee-Anlage, um ihren Mut zu beweisen.

Warum ist das Mammut ausgestorben?

Man schreibt das Jahr 1901. Russische Forscher von der Akademie der Wissenschaften entdecken in Sibirien ein fast vollständig erhaltenes Mammut. 40 000 Jahre hatte es im ewig vereisten Boden Sibiriens verbracht, entsprechend gut war es konserviert.

Was wissen wir eigentlich von diesem Wesen? Es war eine Art Elefant mit Fell. Manche Quellen wollen es
5   größer machen, als es wirklich war, aber es übertraf den heutigen Elefanten auf keinen Fall an Körper-
größe; seine Durchschnittshöhe betrug ungefähr drei Meter, seine Länge von Kopf bis Schwanz fünf Meter.

Es trug den wärmsten körpereigenen Wintermantel, den man sich vorstellen kann. Sein Fell bestand aus Tausenden von Haaren, jedes bis zu 80 Zentimeter lang. Doch das war nicht alles. Unter dem dicken Fell hatte es eine zwei bis drei Zentimeter dicke Lederhaut, und darunter befand sich eine gut zehn Zentimeter
10   dicke Fettschicht. Man sieht: Sibirische Kälte bereitete ihm keine Probleme.

Wie der Elefant hatte auch das Mammut zwei große Stoßzähne, die bis zu 4,5 Meter lang werden konnten und natürlich aus feinstem Elfenbein bestanden. Das Mammut brauchte sie, um Gras, Sträucher und andere Pflanzen von Schnee und Eis zu säubern, bevor es mit dem Fressen begann. Außerdem konnte es im Stehen schlafen und dabei seinen schweren Kopf auf den Stoßzähnen aufstützen.

15   Menschen konnten daraus wundervolle Schmuckstücke oder Kunstwerke herstellen. Das lud zum Jagen ein, auch als das Mammut schon lange ausgestorben war. Der griechische Philosoph und Naturforscher Theophrast (371 – 287 v. Chr.), der bedeutendste Schüler von Aristoteles und Zeitgenosse Alexanders des Großen, berichtete beispielsweise, dass es im hohen Norden unerschöpfliche Vorräte des „weißen Goldes" gab.

20   Aber schon zu seinen Lebzeiten wurde das Mammut von den Menschen gejagt. Es lieferte ihnen Fleisch und Fett; die Stoßzähne verarbeitete man zu Werkzeugen; der getrocknete Dung diente als Brennmaterial für das Lagerfeuer; und aus der Lederhaut baute man zeltartige Häuser.

Deshalb glauben viele Wissenschaftler, dass die Menschen am Aussterben des Mammuts Schuld sind. Der amerikanische Archäologie-Professor Paul Martin zum Beispiel ist sicher, dass die ersten Indianer Nord-
25 amerikas Mammutjäger waren. In Nordamerika fand man nämlich neben vielen Mammutskeletten Pfeile und Speere, die Waffen der Urmenschen.

Die Bevölkerungszahl der Indianer vergrößerte sich vor 12 000 bis 10 000 Jahren explosionsartig. Dieser Zuwachs stand wahrscheinlich in engem Zusammenhang mit den ausgezeichneten Fähigkeiten der indianischen Jäger. Die Menschen brauchten mehr Fleisch, und das hatte zur Folge, dass immer mehr Tiere
30 getötet wurden, bis sie ausstarben.

Die Mammuts existieren nicht mehr, und dasselbe Schicksal droht vielen anderen Tierarten. Fast immer ist es der Mensch, der mit seinen Eingriffen in die Natur die Tiere gefährdet und ausrottet.

Durch die Jagd verkleinert der Mensch die Zahl der Tiere so stark, dass es schließlich nur noch wenige gibt. Sinkt die Anzahl von Tieren bis auf einen geringen Rest, können sie sich nicht mehr vermehren. Die
35 letzten sterben schnell aus. Dann ist es schon zu spät dafür, dass die Tiere unter Schutz gestellt werden.

Aber müsste nicht über Tiere heute so viel bekannt sein, dass sie noch rechtzeitig geschützt werden könnten? Es gibt doch auch Übereinkommen wie das Washingtoner Artenschutzabkommen, das den Verkauf gefährdeter Tierarten international verbietet. Doch leider halten sich viele Menschen nicht an diese Übereinkommen. Tiere werden gejagt, verkauft oder getötet.

40 Viele Länder behaupten sogar, die Tiere zu jagen, um sie wissenschaftlich zu untersuchen. Das gilt besonders für die Wale. Das Fleisch dieser trotz des Verbots getöteten Tiere findet sich dann aber hauptsächlich in den Delikatessengeschäften Japans wieder. Dort dient der Walfang also nicht der Wissenschaft, sondern kommerziellen Zwecken.

Aber Tiere sind ja nicht in erster Linie durch Jagd, sondern ganz besonders dadurch bedroht, dass sie ihren
45 Lebensraum verlieren. Die Menschen brauchen Land für ihre Dörfer und Städte und für die Landwirtschaft. Straßen werden gebaut. Dabei dringt man bis in Gebiete vor, in denen bisher ungestört die Tiere gelebt haben. So ist das bei den Berggorillas und auch bei den Tigern in Indien.

Auch auf andere Weise bringen Menschen das Leben von Tieren in Gefahr. Bäume in den großen tropischen und in den nördlichen Regenwäldern werden gefällt, um deren Holz zu verkaufen. Diese Zerstörung
50 des Waldes ist für viele Tiere eine große Bedrohung, etwa für den Indri und den Koala-Bären.

Fast 5 000 Tierarten sind vom Aussterben bedroht. Nach Schätzungen werden bis zum Jahre 2040 Hunderte von Wirbeltieren und eine Million Arten von Insekten ausgestorben sein – wenn die Umweltzerstörung so weitergeht.

Löse jetzt die Aufgaben zu dem Text.

*Zu den folgenden 15 Aufgaben gibt dir nur der Text die richtige Antwort! Lies also bei jeder Aufgabe nochmals im Text nach und frage dich: „Habe ich das im Text gelesen?" Markiere dann den Buchstaben für die richtige Antwort durch Ankreuzen! Zu jeder Aufgabe gibt es nur **eine** richtige Lösung.*

1. Zeile 1 – 3

    a) Die Akademie der Wissenschaften wurde 1901 in Sibirien eröffnet.
    b) Das Mammut war in schlechtem Zustand, denn es war schon 40 000 Jahre alt.
    c) In Sibirien entdeckten russische Forscher ein Mammut.
    d) Russische Forscher beschäftigten sich mit dem vereisten Boden Sibiriens.

2. Zeile 4 – 6

a) Das Mammut war viel größer als der heutige Elefant.

b) Man weiß heute sehr genau über die Mammuts Bescheid.

c) Das Mammut sah dem heutigen Elefanten ähnlich.

d) Der Schwanz des Mammuts war fünf Meter lang.

3. Zeile 7 – 10

a) Das Mammut war gut an das kalte Klima angepasst.

b) Das Mammut war sehr schwer, weil es ein dickes Fell hatte.

c) Manche Mammuts hatten kein Fell, sondern eine dicke Lederhaut.

d) Aus dem Fell des Mammuts konnte man warme Wintermäntel herstellen.

4. Zeile 11 – 14

a) Mammuts ernährten sich von Pflanzen, Schnee und Eis.

b) Mammuts konnten nur im Stehen schlafen, weil sie so einen schweren Kopf hatten.

c) Die Stoßzähne des Mammuts bestanden aus Elfenbein und waren über 4,5 Meter lang.

d) Mit den Stoßzähnen konnte das Mammut Pflanzen vor dem Fressen säubern.

5. Zeile 15 – 19

a) Jäger stellten aus Elfenbein Schmuckstücke oder Kunstwerke her.

b) Theophrast war der größte griechische Philosoph und Naturforscher.

c) Im hohen Norden konnte man zur Zeit Alexanders des Großen viel Elfenbein finden.

d) Der griechische Philosoph und Naturforscher Theophrast jagte im hohen Norden nach Elfenbein.

6. Zeile 20 – 22

a) Mammuts waren eine große Gefahr für Menschen, denn sie fraßen vor allem Fleisch.

b) Das Mammut wurde von den Menschen nur wegen seines Fleisches gejagt.

c) Die Menschen jagten die Mammuts, weil sie ihre zeltartigen Häuser zerstörten.

d) Früher verwendeten die Menschen außer Fleisch und Fett noch andere Teile der Mammuts.

7. Zeile 23 – 26

a) Der Archäologie-Professor Paul Martin erforscht die Geschichte der Indianer Nordamerikas.

b) In Nordamerika hat man Mammutskelette und Waffen der Urmenschen gefunden.

c) Es gibt kaum Beweise dafür, dass die Indianer Nordamerikas Mammutjäger waren.

d) Untersuchungen haben gezeigt, dass die Menschen am Aussterben der Mammuts Schuld sind.

8. Zeile 27 – 30

a) Vor mehr als 12 000 Jahren vergrößerte sich die Bevölkerungszahl der Indianer.

b) Die Indianer Nordamerikas waren sehr fähige Mammutjäger.

c) Die meisten Tiere wurden von Indianern getötet.

d) Die Zahl der Indianer konnte sich nicht vergrößern, weil sie nicht genug Fleisch zum Essen hatten.

9. Zeile 31 – 32

a) Der Mensch gefährdet durch seine Eingriffe sowohl die Natur als auch die Tiere.

b) Heute existieren viele Tierarten nicht mehr.

c) Die Mammuts sind bisher die einzige Tierart, die ausgestorben ist.

d) Viele Tierarten sind vom Aussterben bedroht.

10. Zeile 33 – 35

   a) Durch die Jagd tötet der Mensch auch die letzten Tiere.

   b) Wenn nur noch wenige Tiere einer Tierart leben, können sie sich nicht mehr vermehren.

   c) Tiere müssten unter Schutz gestellt werden, wenn es nur noch wenige gibt.

   d) In ein paar Jahren sterben die letzten Tiere auch aus.

11. Zeile 36 – 39

   a) Der Verkauf gefährdeter Tierarten ist nicht erlaubt.

   b) Durch das Washingtoner Artenschutzabkommen können gefährdete Tierarten wirklich geschützt werden.

   c) Manche Übereinkommen regeln die Jagd und den Verkauf von Tieren.

   d) Heute kann man Tiere rechtzeitig schützen.

12. Zeile 40 – 43

   a) Man darf Tiere töten, um sie wissenschaftlich zu untersuchen.

   b) In Japan wird Fleisch von Walen in Delikatessengeschäften verkauft.

   c) In Japan werden Wale sowohl zu wissenschaftlichen als auch zu kommerziellen Zwecken gejagt.

   d) Der Walfang ist in Japan erlaubt.

13. Zeile 44 – 47

   a) In Indien werden Tiere nicht durch die Jagd bedroht.

   b) Es gibt noch zahlreiche Gebiete, in denen Tiere ungestört leben können.

   c) Der Bau von Dörfern, Städten und Straßen sowie die Landwirtschaft zerstören den Lebensraum vieler Tiere.

   d) Beim Bau neuer Straßen werden viele Gebiete zerstört und Tiere getötet.

14. Zeile 48 – 50

   a) In den Regenwäldern fällt man viele Bäume, um die Wälder zu zerstören.

   b) Der Indri und der Koala-Bär sind eine große Bedrohung für den Wald.

   c) Holz von zerstörten Wäldern kann man gut verkaufen.

   d) Auch in den tropischen und nördlichen Regenwäldern sind Tiere in Gefahr.

15. Zeile 51 – 53

   a) Zahlreiche Tierarten werden aussterben, wenn die Umwelt nicht geschützt wird.

   b) Fast 5 000 Tierarten sind schon ausgestorben.

   c) Die Umweltzerstörung wird nach Schätzungen bis zum Jahre 2040 weitergehen.

   d) Auf jeden Fall sterben bis zum Jahre 2040 eine Million Arten von Insekten aus.

„Onkel Toms Hütte" und das Ende der Sklaverei

Harriet Beecher Stowe saß in der Kirche ihrer Heimatstadt Brunswick im amerikanischen Bundesstaat
Maine, als sie plötzlich die Idee hatte, das Buch zu schreiben. Es war Winter, man schrieb das Jahr 1851.
Die junge Nation – die Vereinigten Staaten von Amerika – bestand zu der Zeit aus zwei großen Teilen, mit
einer Trennlinie zwischen dem Süden der „Sklavenstaaten" und dem Norden der „freien Staaten".

5   In den Südstaaten lebten drei Millionen Männer, Frauen und Kinder afrikanischer Herkunft als Sklaven –
als Eigentum ihrer Herren. Im Gesetz des Südstaats Louisiana hieß es klar und deutlich: „Der Sklave ist
vollständig dem Willen seines Herrn untergeordnet."

Aber auch in den Nordstaaten war die Situation für Sklaven nicht leicht. Erst 1850 hatte der amerikanische
Kongress das Gesetz zur Behandlung geflohener Sklaven aus den Südstaaten verabschiedet. Nach diesem
10 Gesetz war es verboten, einem Sklaven, der seinem Herrn weggelaufen war, Schutz und Unterkunft zu
geben – auch dann, wenn der Sklave es geschafft hatte, bis zu einem „freien" Staat im Norden zu kommen.

Harriet Beecher Stowe war mit einem Universitätsprofessor verheiratet. Seit jenem Moment in der Kirche
nutzte die Vierzigjährige jeden Augenblick ihrer Freizeit, um ihre Geschichte zu schreiben; manchmal tat
sie das am Küchentisch.

15 Ihr Buch „Onkel Toms Hütte" erschien zuerst in Fortsetzungen in „The National Era", einer Zeitschrift für
Sklavereigegner. Der Abdruck erstreckte sich über ein ganzes Jahr, und fast jede Woche hatte die Autorin
Mühe, ihren Text pünktlich zu liefern.

Doch die Anstrengung lohnte sich. Schon in Serienform war die Geschichte ein riesiger Erfolg. Als dann
1852 die erste Buchausgabe erschien, war die Auflage von 5 000 Exemplaren innerhalb von zwei Tagen
20 vergriffen – ohne jede Werbung. Im ersten Jahr wurden 300 000 Exemplare an US-Bürger verkauft – in
einer Zeit, in der die USA überhaupt nur 24 Millionen Einwohner hatten, von denen viele nicht lesen
konnten.

In England kauften sich 1,5 Millionen Bürger dieses Buch, nicht nur Engländer. Zu den Bewunderern des Werks gehörten außer dem englischen Dichter Charles Dickens auch die französische Literatin George Sand und der russische Dichtergraf Leo Tolstoi.

Um was ging es in „Onkel Toms Hütte“? Eine Sklavin flieht mit ihrem kleinen Kind nach Kanada, als die Familie getrennt werden soll. Erst auf den letzten Buchseiten kommt es zum Happyend. Es war der Autorin gelungen, eine spannende und zugleich glaubwürdige Geschichte über die Übel der Sklaverei zu schreiben.

Von der ersten Seite an nahm sie die Gefühle der Leser für die Hauptfiguren ein – für Sklaven. Denn sie verdeutlichte, was es wirklich bedeutet, wenn Menschen zum Eigentum anderer Menschen werden, so leicht zu kaufen oder zu verkaufen wie ein Möbelstück.

Immer wieder schilderte Harriet Beecher Stowe das Leben der Sklavenfamilien, die von ihren Herren nach Belieben getrennt werden konnten, etwa wenn diese Geld brauchten und eine ihrer Arbeitskräfte verkaufen wollten. Das aber bedeutete: Babys wurden aus den Armen ihrer Mütter gezerrt, Eheleute brutal getrennt und zur Wiederheirat gezwungen – ganz wie es ihrem Herrn gefiel.

Dieses Werk hat in den Jahren vor dem amerikanischen Bürgerkrieg (1861 – 1865) eine tiefe Wirkung auf die Nation ausgeübt. Dieser Krieg wurde vor allem um Abschaffung oder Beibehaltung der Sklaverei geführt. Die Südstaatler glaubten nämlich, sie könnten ohne Sklaven wirtschaftlich nicht überleben.

Was hat „Uncle Tom's Cabin“ (so der Originaltitel) zum Ende des Sklavereisystems beigetragen? Am einfachsten lässt sich Mrs. Stowes Leistung als „Public-Relations-Erfolg“ bezeichnen. Schließlich gewann ihr Buch von seinem Erscheinen bis 1860 in den „freien Staaten“ über eine Million Leser. In den Südstaaten war es verboten, trotzdem wurde es auch dort gelesen.

Harriet Beecher Stowes wortmächtige Polemik gegen die Sklaverei erreichte und bewegte also einen sehr großen Teil der des Lesens fähigen Bevölkerung in den Nordstaaten. Und da sie aus dem Buch erfuhren, was für ein Leben Sklaven in Wirklichkeit führten, konnten sie dieses System nicht mehr durch passive Duldung stützen.

Der Einfluss des Romans blieb übrigens nicht auf Amerika beschränkt. Als der russische Zar Alexander II. 1861 die Befreiung der Leibeigenen in seinem Land anordnete, soll seine Betroffenheit nach der Lektüre von Harriet Beecher Stowes Buch den Ausschlag gegeben haben. Und eine Hofdame des Königs von Siam (heute Thailand) ließ sofort 130 Sklaven frei, als sie das Buch gelesen hatte.

Wie sähe die Welt aus, wenn die Amerikaner ihren Bürgerkrieg nicht geführt, die Sklaverei nicht abgeschafft hätten? Amerika wäre sicher nicht das „Land der Freien“ geworden. Und auch der Rest der Welt wäre unfreier.

Löse jetzt die Aufgaben zu dem Text.

*Zu den folgenden 15 Aufgaben gibt dir nur der Text die richtige Antwort! Lies also bei jeder Aufgabe nochmals im Text nach und frage dich: „Habe ich das im Text gelesen?" Markiere dann den Buchstaben für die richtige Antwort durch Ankreuzen! Zu jeder Aufgabe gibt es nur **eine** richtige Lösung.*

1. Zeile 1 – 4

   a) Harriet Beecher Stowe begann in der Kirche, ihr Buch zu schreiben.

   b) Die Vereinigten Staaten von Amerika gibt es seit 1851.

   c) In einem Teil der Vereinigten Staaten von Amerika gab es noch Sklaven.

   d) Harriet Beecher Stowe wollte ein Buch über die Sklavenherrschaft in Maine schreiben, wo sie lebte.

2. Zeile 5 – 7

   a) In den Südstaaten lebten drei Millionen Menschen, darunter auch zahlreiche Sklaven.

   b) Die Sklaven in den Südstaaten mussten tun, was ihre Herren wollten.

   c) Nur Menschen aus Afrika können Sklaven sein.

   d) Die Amerikaner in den Südstaaten hatten kein Recht, Sklaven zu halten.

3. Zeile 8 – 11

   a) Ein Gesetz verbot allen Sklaven, ihrem Herrn wegzulaufen.

   b) Wenn Sklaven bis zu einem Staat im Norden kommen konnten, waren sie frei.

   c) Der amerikanische Kongress verabschiedete 1850 ein Gesetz zum Schutz der Sklaven.

   d) Niemand durfte Sklaven schützen, die ihrem Herrn weggelaufen waren.

4. Zeile 12 – 14

   a) Harriets Mann half ihr bei der Arbeit an der Geschichte.

   b) Die Autorin schrieb ihre Geschichte in der Küche.

   c) In jeder freien Minute beschäftigte sich Harriet Beecher Stowe mit ihrer Geschichte.

   d) Die Autorin hatte sehr viel freie Zeit, um die Geschichte zu schreiben.

5. Zeile 15 – 17

   a) Jede Woche erschien ein Stück von „Onkel Toms Hütte" in einer Zeitschrift.

   b) Zuerst wurde die Geschichte in „The National Era" und dann in einer Zeitschrift für Sklavereigegner veröffentlicht.

   c) Die Autorin hatte ihre Texte nie pünktlich fertig.

   d) Die Autorin schrieb ein Jahr lang an dem Buch, weil sie nur wenig Zeit hatte.

6. Zeile 18 – 22

   a) Die Geschichte hatte sehr großen Erfolg.

   b) Nur 300 000 Bücher wurden verkauft, weil viele Amerikaner damals nicht lesen konnten.

   c) Durch viel Werbung wurden in den ersten zwei Tagen 5 000 Bücher verkauft.

   d) 24 Millionen Amerikaner konnten damals nicht lesen.

7. Zeile 23 – 25

   a) Die Bücher konnten nur in England verkauft werden.

   b) Nur Charles Dickens bewunderte das Werk nicht.

   c) 1,5 Millionen Engländer kauften sich das Buch.

   d) Auch einige berühmte Dichter lasen das Buch.

8. Zeile 26 – 29

   a) Die Geschichte ist sehr spannend, weil es auf den letzten Seiten ein Happyend gibt.

   b) Die Geschichte ist erst auf den letzten Buchseiten spannend.

   c) Die Autorin erzählt eine wahre Geschichte über die Sklaverei.

   d) In dem Buch geht es um die Geschichte einer Sklavin.

9. Zeile 30 – 32

   a) Man konnte die Sklaven kaum wie ein Möbelstück kaufen und verkaufen.

   b) Die Hauptfiguren des Buches waren Sklaven.

   c) Das Buch zeigte, dass es sehr praktisch ist, wenn Menschen zum Eigentum anderer Menschen werden.

   d) Auf der ersten Seite beschreibt die Autorin die Gefühle der Sklaven.

10. Zeile 33 – 36

   a) Die Sklavenfamilien konnten sich trennen, wenn sie Geld brauchten.

   b) Die Babys der Sklavenfamilien wurden meistens von ihren Müttern getrennt.

   c) Die Autorin beschreibt das Leben der Sklaven.

   d) Wenn Eheleute getrennt wurden, durften sie wieder heiraten.

11. Zeile 37 – 39

   a) Das Buch hatte so eine große Wirkung auf die Amerikaner, dass sie einen Bürgerkrieg begannen.

   b) In den Südstaaten war man der Meinung, dass man die Sklaven für die Wirtschaft brauchte.

   c) Die Südstaatler führten den Krieg, weil sie ohne Sklaven leben wollten.

   d) Die Südstaatler glaubten, die Sklaven könnten wirtschaftlich nicht überleben.

12. Zeile 40 – 43

   a) In den Südstaaten wurde das Buch nicht gelesen, denn es war verboten.

   b) Mrs. Stowe hatte großen Erfolg und hat mit dem Buch viel Geld verdient.

   c) Das Buch hat das Sklavereisystem beendet.

   d) Mrs. Stowes Erfolg war, dass über eine Million Menschen das Buch lasen.

13. Zeile 44 – 47

   a) Der größte Teil der Bevölkerung in den Nordstaaten hat das Buch gelesen.

   b) Die Leser erfuhren aus dem Buch, dass man dieses Sklavensystem nicht stützen durfte.

   c) In den Nordstaaten konnte der größte Teil der Bevölkerung lesen.

   d) Harriet Beecher Stowe war gegen die Sklaverei.

14. Zeile 48 – 51

   a) Auch außerhalb Amerikas hatte das Buch eine starke Wirkung.

   b) In ihrem Roman schrieb die Autorin sowohl über Zar Alexander II. als auch über eine Hofdame des Königs von Siam.

   c) In Thailand gibt es heute keine Sklaven, weil eine Hofdame des Königs von Siam alle Sklaven frei ließ.

   d) Das Buch hatte in Amerika keinen Einfluss.

15. Zeile 52 – 54

   a) Ohne Bürgerkrieg wäre Amerika das „Land der Freien" geworden.

   b) Wir wären freier, wenn Amerika nicht das „Land der Freien" wäre.

   c) Es ist nicht so gut, dass man in Amerika die Sklaverei abgeschafft hat.

   d) Die Abschaffung der Sklaverei in den USA spielt eine große Rolle in der Weltgeschichte.

Lösungsschlüssel zu Teil A

Text 1

1. jobben = arbeiten
nach Schulschluss = nach der Schule

6. 1r 2f 3r 4f 5r 6r

Text 2

2. a) die Orangen + der Saft →
b) die Schule + der Hof →
c) trinken + der Becher →
d) um + die Welt →
e) das Glas + die Flasche →
f) das Aluminium + die Dose →
g) spezial + die Verpackung →

6. 1r 2f 3r 4f 5f

Text 3

2. a) Sie mag weder Bier noch Cola.
b) Ich finde Martin weder höflich noch sympathisch.
c) Ich glaube, dass er weder studiert noch arbeitet.
d) Anna fährt weder mit dem Bus noch mit dem Rad zur Schule.
e) Der Film war weder sehr interessant noch sehr langweilig.

3. + − − +

modern	≠	unmodern	interessant	≠	uninteressant	ordentlich	≠	unordentlich	sicher	≠	unsicher
wichtig	≠	unwichtig	höflich	≠	unhöflich	sympathisch	≠	unsympathisch	pünktlich	≠	unpünktlich

10. 1b 2b 3a 4b 5b 6b 7a 8b

Verbindungswörter (Seite 16)

2. a) ... und sie hat dort ihre Freundin Marina getroffen.
b) ... aber die Musik hat ihr nicht gefallen.
c) ... weil Elton John ihr Lieblingssänger ist.
d) ... Deshalb hat sie keine Zeit für ihre Hausaufgaben gehabt.

Text 4

7.

	1	2	3	4	5	6	7	8	9
	X	X	X	X	X		X	X	X
		X	X	X	X	X	X		X

Text 5

2. a) nicht ..., sondern
b) zwar ..., aber
c) zwar ..., aber
d) nicht ..., sondern
e) zwar ..., aber

10. 1a 2b 3b 4a 5a
11. 1a 2a 3b 4b

Text 6

2. b) Grund ..., denn sie hat den ganzen Tag noch nichts gegessen.
Konsequenz ..., deshalb kauft sie sich einen Hamburger.
c) Grund ..., denn es gibt zu viele Autos.
Konsequenz ..., deshalb fahren wir immer mit der U-Bahn.
d) Grund ..., denn es regnet nicht.
Konsequenz ..., deshalb haben die Menschen dort großen Durst.
e) Konsequenz ..., deshalb hat der Trojanische Krieg begonnen.
Grund ..., denn sie war sehr schön.

7. a) ... bieten „die Prinzen" Lösungen für das Problem Alkohol am Steuer an. 8. 1 c 2 a 3 c 4 b
   b) ... kämpfen internationale Stars gegen Alkohol beim Autofahren.
   c) ... für eine gute Party braucht man keinen Alkohol.

Text 7

6. 1. Der Lehrer schickt den 15- bis 16-Jährigen ihre Aufgaben auf den Computerbildschirm.
   2. Die Computer werden nicht von der Schule gekauft.
   3. Die Schüler sollen zu Hause bleiben, keine Busse und Bahnen benutzen und so den
      Verkehr entlasten.

7. 1. damit   2. weil   3. weil   4. weil   5. damit   6. damit   8. 1 b 2 a 3 b 4 b

Text 8

2. Daumen raus = Autostopp

6. Tramper: zwei junge Männer mit Rucksack; Jens und Bernhard;
                          junge Leute wie Jens und Bernhard; Anhalter
   Autostopp: kostenlose Reise; Trampen
   in Lebensgefahr: die Reise mit dem Leben bezahlen; Risiko
   Mitfahrgelegenheit: Auto; Autofahrer, die Tramper mitnehmen möchten

7. 1 a   2 c   3 b   4 b   5 a

Text 9

9. 1 b   2 a   3 c   4 c   5 b   6 a   7 c   8 b   9 c   10 a   10. 1 a 2 b 3 c 4 b 5 b

Text 10

1. a) Als Claudia Schiffer 17 Jahre alt war, hat ein Modefotograf sie in einer Disco entdeckt und
      sofort eins der bekanntesten Fotomodells aus ihr gemacht.
   b) Claudia Schiffer ist eins der bekanntesten Fotomodells aus New York.
   c) Claudia Schiffer schläft abends früh, isst gesunde Sachen und trinkt keinen Alkohol, weil sie
      viel für ihre Gesundheit und ihre Schönheit tun muss.
   d) Claudia Schiffer will gesund und schön sein. Deshalb geht sie abends früh schlafen und treibt
Sport.
   e) Claudia geht gern in Kunstgalerien, denn sie interessiert sich sehr für moderne Malerei.

6. 1 c   2 b   3 c   4 a   5 c

Lösungsschlüssel zu Teil B

Text 11

1 a   2 b   3 c   4 b   5 c

Text 12

1 b   2 b   3 a   4 b   5 c
6 b   7 c   8 a

Text 13

1 c   2 a   3 a   4 c   5 c
6 b   7 a

Text 14

1 c   2 a   3 a   4 b   5 b
6 a   7 b   8 c   9 c

Text 15

1 c   2 c   3 a   4 c   5 b
6 a   7 b   8 c

Text 16

1 a   2 b   3 a   4 c   5 a
6 b   7 c   8 c

Text 17

1 b   2 c   3 b   4 c   5 c
6 a   7 b   8 a   9 b   10 a

Lösungsschlüssel zu Teil C

Text 18
1d 2b 3a 4d 5b
6b 7d 8b 9a 10c
11d 12c

Text 19
1c 2b 3d 4c 5d
6a 7a 8c 9c 10a
11d 12b 13c 14b 15d

Text 20A
1b 2c 3a 4d 5b
6c

Text 20B
7c 8c 9a 10b 11b
12d 13c 14a 15b

Text 21
1d 2d 3c 4a 5b
6b 7d 8b 9a 10a
11d 12a 13c 14c 15b

Text 22A
1a 2c 3c 4b 5d
6a 7d 8c

Text 22B
9d 10d 11a 12c 13d
14b 15b

Text 23A
1b 2c 3a 4c 5d
6a 7b 8b 9c 10d

Text 23B
11c 12b 13b 14d 15c

Text 24A
1b 2b 3d 4a 5a
6c

Text 24B
7b 8c 9b 10a 11b
12d 13b 14c 15d

Text 25A
1d 2b 3c 4b 5a

Text 25B
6c 7b 8d 9d 10a

Text 26
1c 2c 3a 4d 5c
6d 7b 8b 9d 10b
11a 12c 13d 14d 15a

Text 27
1c 2b 3d 4c 5a
6a 7d 8d 9b 10c
11b 12d 13d 14a 15d

Text- und Bildquellen

Seite 8:	Text aus: Aktuell 4/93, Mary Glasgow Magazines, London
	Bild: The Image Bank, München
Seite 11:	Text aus: Schuß 4/93, Mary Glasgow Magazines, London
Seite 13:	Text aus: Aktuell 4/94, Mary Glasgow Magazines, London;
	Bild: Mauritius Bildagentur, Mittenwald (E.Gebhardt)
Seite 29:	Text aus: Frankfurter Rundschau 19.4.94 (dpa-Meldung)
Seite 30:	Bild: Hellas Press Service S.A., Athen (Liaison: P.J.Morgan)
Seite 32:	Text aus: Aktuell 6/90, Mary Glasgow Magazines, London
Seite 37:	Text nach einem Artikel aus: JUMA 2/93 und Schuß 3/94
Seite 40:	Bild: Otto Versand, Hamburg
Seite 41:	Text nach einem Artikel aus: Aktuell 4/94, S.4f, MGM, London
Seite 45:	Text aus: JUMA 2/91
Seite 47:	Bild: Hellas Press Service S.A., Athen (Liaison: R. Elkins)
Seite 48:	Text aus: JUMA 3/92
Seite 51:	Text aus: Für Sie 21/94, S. 24, Jahreszeiten-Verlag, Hamburg
Seite 54:	Text aus: Brigitte Young Miss 1/94, Picture Press, Hamburg
Seite 57:	Text aus: Für Sie 21/94, Jahreszeiten-Verlag, Hamburg
Seite 60:	Text aus: Eltern 4/94 (Dora Kammerer), Picture Press, München
Seite 67f:	Text aus: Brigitte 7/94, S. 118, Picture Press, Hamburg
Seite 70f:	Text und Bild aus: Treff 9/93 © Thomas Fröhling, Sölden
Seite 74:	Text aus: Für Sie 13/94, S.12, Jahreszeiten-Verlag, Hamburg
Seite 76:	Text aus: Eltern 6/94 (Hans Grothe), Picture Press, München
Seite 79:	Text aus: jetzt 47/93, Süddeutsche Zeitung, München
Seite 83:	Text nach einem Artikel aus: Mädchen 26/93, Medien Verlagsgesellschaft, München
	und „Themen, Texte, Tips" Bundeszentrale für gesundheitliche Aufklärung, Bonn
Seite 85:	Text und Bild aus: Sammler Journal 12/93 (Bettina Schumann-Jung) Gräfelfing
Seite 87:	Text nach: Eltern 6/94 (Christine Herde), Picture Press, München und jetzt 38/94,
	Süddeutsche Zeitung, München
Seite 92:	Bild: Mauritius Bildagentur, Mittenwald (Hubatka)
	Text aus: Für Sie 21/94, Jahreszeiten-Verlag, Hamburg
Seite 94f:	Text von Wulf Schmüser und Ruth Benther aus: Frankfurter Rundschau 14.2.91
Seite 97:	Text aus: Aktuell 2/91, Mary Glasgow Magazines, London
Seite 99:	Bild: Jochen Schweizer, Gesellschaft für Marketing und Kommunikation, München
	Text aus: P.M. 8/94, Picture Press, München
Seite 101:	Text nach einem Artikel aus: P.M. 6/94, Picture Press, München und Treff 3/94,
	Velber Verlag
Seite 105:	Text aus: P.M. 4/94, Picture Press, München